Silvia Appel

MEIN KLEINER STADTGARTEN

Grünes für Vorgarten, Hinterhof, Balkon und Handtuchgarten

HANS LEFER
O.- JORK

Vorwort

DER DUFT VON MEDITERRANEN KRÄUTERN, der Ihnen auf dem Weg zur Arbeit um die Nase weht, eine leuchtend-bunte Blumenpracht auf dem Grünstreifen entlang der Hauptstraße, die Sie täglich befahren, und frisch geerntete Tomaten auf dem Tisch – um Sie herum ist alles grün! Das klingt eher nach idyllischem Landleben als nach grauer Großstadt? Dass diese grüne Idee keine Utopie bleiben muss und in manchen Städten sogar schon zur Realität geworden ist, möchte ich Ihnen in diesem Buch zeigen.

Zwischen Beton und Asphalt kann durch ein paar kleine Veränderungen im Handumdrehen ein urbaner Dschungel entstehen. Die Sehnsucht nach Rückzugsorten, Ruhe, Entspannung und mehr Gemeinschaft lässt sich durch vielfältige Urban-Gardening-Aktivitäten auf einfache Weise umsetzen. Gärtnern auf der Baumscheibe, im Innenhof oder auf dem Balkon, im Gemeinschafts- oder Schrebergarten – alles ist möglich.

Jede Menge Inspirationen und einfache Bastelanleitungen für tolle DIY-Projekte werden Sie für das urbane Gärtnern begeistern. Ganz gleich, ob Sie passionierter Hobbygärtner oder blutiger Anfänger sind – jeder ist willkommen! Das Schönste am Urban Gardening ist, dass dabei die unterschiedlichsten Menschen zusammenfinden und gemeinsam das Stadtbild, das Klima und ihr eigenes Leben verändern.

Lassen Sie sich von den vielseitigen Ideen und Möglichkeiten anstecken! Wagen Sie das Abenteuer Stadtgarten, selbst wenn es zunächst nur mit einem Kräutertopf auf dem Fensterbrett beginnt! Jedes Kraut zählt auf dem Weg zur grünen Stadt!

Inhalt

Die Stadtgarten-Basics

Gärtnern direkt am Haus

Gärtnern im öffentlichen Raum

Gärtnern in der Gemeinschaft

Die Stadtpflanzen

Die Stadt als Garten entdecken

Service

Die
Stadtgarten-
Basics

CD PROGRAM•SHUFFLE
CD PROGRAM

Sehnsucht nach Grün statt Grau

DIE SEHNSUCHT DER STADTBEWOHNER NACH ETWAS GRÜN scheint voller Widersprüche zu sein. Immer mehr Menschen zieht es in die Städte, während die ländlichen Regionen zunehmend mit Strukturproblemen zu kämpfen haben. Auf der einen Seite wird das Landleben regelrecht glorifiziert, man träumt von einem eigenen Bauernhaus, der eigenen Ernte, von Natur und Weite, auf der anderen Seite schätzt man es aber auch, die komplette Infrastruktur im Alltag in unmittelbarer Nähe zu haben. Um alles unter einen Hut zu bekommen, gibt es immer mehr Menschen, die sich das Land einfach in die Stadt holen. Dabei wird viel Wert auf Nachhaltigkeit gelegt, auf ökologische Herkunft der Lebensmittel und auf Achtsamkeit im Umgang mit den wertvollen Ressourcen. Grüner und gesünder sollen die Metropolen werden, das Grau soll natürlichen bunten Oasen weichen.

Es gibt nichts, was sich nicht bepflanzen lässt – selbst ein ausgedienter Kassettenrekorder wird zum Hingucker.

Ein großer Trend, der diesem Bedürfnis entsprungen ist, zunehmend Verbreitung findet und die großen Städte zukünftig stark und nachhaltig verändern wird, heißt „Urban Gardening“ – Gärtnern in der Stadt. Die Sehnsucht nach Grün statt Grau findet immer mehr Anhänger, die – einzeln oder im Zusammenschluss mit anderen – im Rahmen ihrer Möglichkeiten etwas verändern wollen. Diese grünen Pioniere sind es, die für die besonderen Ecken zwischen den Häuserschluchten sorgen. Jede Blume am Straßenrand und jeder bunt bepflanzte Balkon ist ein Schritt auf dem Weg zu einer grünen Stadt!

Leere Konservendosen lassen sich als originelle Pflanzgefäße weiterverwenden.

Die grünen Grundsteine

WER SICH IN DER STADT ALS HOBBYGÄRTNER VERSUCHEN MÖCHTE, sollte im Vorfeld ein paar Kleinigkeiten beachten. Direkt auf dem Grünstreifen vor dem Haus oder im Gemeinschaftsbeet im Innenhof Gemüse zu kultivieren, setzt ein paar andere Garten-Basics voraus, als man sie für den Anbau im herkömmlichen Gartenbeet braucht. Was gilt es alles zu beachten, wenn man beim Gärtnern nicht die altbekannten Wege beschreiten will? Ein paar rechtliche Dinge im Blick zu haben, kann nicht schaden – schließlich ist nicht alles erlaubt, nur weil man die Stadt mit etwas Grün ein bisschen schöner macht. Aber auch so essenzielle Dinge wie das Vorhandensein eines Wasseranschlusses sind im Vorfeld zu prüfen. Das mag zunächst etwas langweilig und banal klingen, sollte aber einen ambitionierten Gärtner nicht abschrecken. Am besten ist es, sich im Vorfeld bei einem Stadtspaziergang inspirieren zu lassen und sich Ratschläge und Erfahrungsberichte von anderen Stadtgärtnern oder einer etablierten Urban-Gardening-Gruppe in der Umgebung zu holen. Solche Initiativen geben in der Regel gern ihre Erfahrungen an andere Hobbygärtner weiter.

Mehr als ein paar Töpfe braucht es nicht, um mit dem Garten in der Stadt zu starten.

Mulch hat den Vorteil, dass das Gießwasser länger in der Erde gespeichert werden kann.

Mit der richtigen Erde gedeiht fast alles im Stadtgarten.

Erde und Mulch

SELBST WER DAS GLÜCK HAT, EIN EIGENES BEET ZU BESITZEN, braucht über kurz oder lang frische Erde. Auf einem ausgezehrten Boden im Vorgarten sorgt eine Schicht frischen Komposts gleich für schnelleres Wachstum. Die Baumscheibe braucht ebenfalls erst einmal eine Frischekur aus nährstoffreichem Substrat, und die dekorativen Kübel und Kästen müssen sowieso gefüllt werden. Also auf ins Gartencenter! Dort hat man die Qual der Wahl, denn das Angebot an unterschiedlichen Erden ist riesig. Am besten nimmt man eine Bio-Universalerde, dazu etwas Komposterde und Rindenmulch, um das Bodenleben zu verbessern und dem schnellen Austrocknen vorzubeugen. Gerade an solchen Stellen, die nicht häufig gegossen werden können, kann Mulchen wahre Wunder bewirken, denn das Wasser verdunstet unter einer Mulchschicht nicht so schnell und kann länger im Boden gespeichert werden. Vielleicht besteht ja auch die Möglichkeit, im städtischen Kompostwerk einen Anhänger voll Erde aufladen zu lassen. Vor allem für große Flächen oder das Befüllen von Hochbeeten bietet sich diese Variante an.

Mein Tipp

Hin und wieder braucht man etwas mehr Substrat – und das ist nicht immer günstig, denn gute Erde hat ihren Preis. Manchmal lassen sich Kosten einsparen, wenn man direkt bei einem Erdenhändler nach einer Lieferung fragt.

Gießen, gießen und nochmals gießen lautet das Motto im Stadtgarten.

Durstige Stadtbewohner

EINE REGENTONNE AUF DEM BALKON ODER DIREKT AUF DEM GRÜNSTREIFEN SIEHT MAN EHER SELTEN. Die große Herausforderung beim Citygärtnern ist die ausreichende Wasserversorgung. Mögliche Orte für einen neuen Garten sind schnell gefunden, doch ob dort auch eine regelmäßige und unkomplizierte Bewässerung gewährleistet werden kann, ist eine andere Frage. Im Kleingarten oder auf dem Balkon stellt die Wasserversorgung kein Problem dar. Beim Innenhof wird es da schon etwas schwieriger, denn wer hat schon Lust, die Gießkannen von den oberen Stockwerken hinunterzutragen! Hier sollte abgeklärt werden, ob man nicht im Außenbereich ein Wasseranschluss legen kann. Eine andere Möglichkeit wäre, sich mit den Nachbarn aus dem Erdgeschoss auf eine Lösung zu einigen. Ein Wasserzähler könnte hier hilfreich sein, oder aber man kommt überein, den Innenhof zusammen als Hausgemeinschaft zu bewirtschaften und die Ernte zu teilen.

Bei Flächen mitten in der Stadt, die nicht regelmäßig gegossen werden können, ist es grundsätzlich ratsam, auf Pflanzen zu setzen, denen Regenwasser ausreicht. Vor allem mediterrane Kräuter wie Lavendel oder Thymian schätzen die Trockenheit. Auch Zierpflanzen wie Hauswurze oder Mauerpfeffer mögen eher die trockenen Böden und wollen lieber weniger als zu viel gegossen werden. Wichtig ist es, nur Pflanzenarten gemeinsam in

einem Topf zu ziehen, die auch ähnliche Ansprüche an die Wasser- und Nährstoffversorgung haben. Sonst entsteht schnell ein Ungleichgewicht, und ein Topfbewohner wird unglücklich. Beim Gießen ist darauf zu achten, dass nur die Erde mit Wasser in Berührung kommt und die Pflanze selbst möglichst verschont bleibt. Die wenigsten Pflanzen mögen eine direkte Dusche, und noch dazu finden bestimmte Krankheiten (z. B. Pilze) auf feuchten Blättern einen guten Nährboden.

Abgestandenes Gießwasser schätzen Pflanzen ganz besonders – etwas Besseres gibt es nicht! Das Wasser sollte jedoch nicht zu kalt sein. Wer seine Pflanzen mit frischem Leitungswasser versorgt, sollte den Hahn auf „lauwarm“ stellen. Und egal ob Tetrapak oder Holzkiste – jedes Pflanzgefäß braucht unbedingt Abzugslöcher und eine Drainageschicht, damit keine Staunässe entsteht und die Wurzeln gesund bleiben.

Ein alter Tisch vom Sperrmüll wird, mit Thymian bepflanzt, gleich zum Designerstück!

Kreative Wohnräume für Citypflänzchen

BEIM GÄRTNERN IN DER STADT ist es meist nahezu unmöglich, direkt im Erdboden anzubauen. Dass Stadtpflanzen oft in Paletten-Hochbeeten, Bäckerkisten und allen möglichen anderen Gefäßen kultiviert werden, ist nicht dem schicken urbanen Look geschuldet. Die Gründe liegen tiefer: Der Boden ist häufig durch Bauschutt oder eine vorherige Nutzung stark belastet. Hinzu kommt, dass viele Flächen in der Stadt, die in Gärten umgewandelt werden, versiegelt sind. Beton oder Teer wieder abzutragen ist viel zu mühsam und obendrein zu kostspielig. Schneller und kostengünstiger ist da der Anbau in Gefäßen.

Der Fantasie sind keine Grenzen gesetzt! Fast alles wird zum Topf umfunktioniert.

MIT BIO-LIEBE!
SPREEWALD
FRISCH AUS DEM
3,8 % Fett
Frische
Vollmilch
BIO COMPANY
OHNE GENTECHNIK
MIT BIO-LIEBE!
SPREEWALD
FRISCH AUS DEM

Tetrapaks und leere Blechdosen sind perfekte Beete für Stadtgärtner.

Noch dazu bietet das den Vorteil, dass der Garten bei Bedarf schnell ab- und in einer anderen Ecke der Stadt wieder aufgebaut werden kann. Häufig kommt es nämlich vor, dass man nicht dauerhaft mit seinem Garten dort bleiben kann, wo man einst begonnen hat. Ein neues Wohnhaus oder ein Bürogebäude soll entstehen, und der Garten muss weichen. Mit einem mobilen Stadtgarten in Töpfen, Paletten und Kisten bleibt man flexibel und kann ohne allzu großen Aufwand schnell auf Veränderungen reagieren.

Damit sich die grünen Zöglinge im Topf, in der Konservendose oder auch im Tetrapak wohlfühlen, ist ein guter Wasserabzug wichtig, um Staunässe zu vermeiden. Entweder sollte man den Boden des Pflanzbehälters mit Löchern versehen oder mit einer Schicht Blähton, die mit einem Vlies von der Erde getrennt wird. Wenn es um die Auswahl der Kübel, Kästen und Behältnisse geht, kann nach Herzenslust experimentiert werden – je ausgefallener, desto besser!

Mein Tipp Egal ob Tetrapak oder Holzkiste – jedes Pflanzgefäß braucht Abzugslöcher und eine Drainageschicht, damit keine Staunässe entsteht und die Wurzeln gesund bleiben.

Die haarigen Stadtbewohner aalen sich gern in frisch angelegten Beeten.

Schutzmaßnahmen – save me

AUCH HUNDE, VÖGEL UND ANDERE TIERE FREUEN SICH über frisch angelegte Beete und möchten diese oft nur allzu gern mitbenutzen. Aber ein Hundegruß in der schön bepflanzten Baumscheibe oder naschhafte Federtiere, die sich an den köstlichen Beeren zu schaffen machen, sind so manchem Gärtner ein Dorn im Auge. Hier sind kreative Maßnahmen gefragt, um die wertvolle Ernte zu schützen.

Mit einem Hochbeet hat man zwar einen kleinen Schutzwall gegen Hunde geschaffen, doch nicht gegen die „Fressfeinde", die von oben darauf lauern, dass die Beeren reif werden. Kaum spitzen die kleinen runden Früchte durch die Blätter, finden sich auch schon die ersten Amseln ein. Abhilfe schaffen Netze, die es günstig im Baumarkt zu kaufen gibt und die über Beete gespannt werden können. Auch kleine glitzernde Mobiles, die sich mit wenig Aufwand selbst bauen lassen, halten diebische Vögel von der Ernte fern (siehe Seite 24).

Mein Tipp Für Katzen werden Blumentöpfe und andere Pflanzgefäße völlig uninteressant, wenn man die Erde mit großen Steinen oder Muscheln abdeckt. Das ist Schutz und Deko zugleich.

Schnell aus Restholz gezimmert: Der niedrige Zaun schützt vor ungebetenen Gästen.

DIY

Material
leere Aluförmchen von Teelichtern (möglichst in verschiedenen Größen)
alte Schnellhefter aus farbigem Plastik
Fadenreste
scharfer Cutter
Schere
Stopf- oder Stricknadel

Vogelschreck-Mobile

Schritt 1

Die Ränder der Aluförmchen mit der Schere einschneiden und nach außen hin aufbiegen. Spitz oder stumpf, eckig oder wellig – so entstehen Sterne, Sonnen oder Blütenformen. Die runde Innenfläche kann man mit einem Cutter einritzen.

Schritt 2

Mit einer spitzen Stopf- oder Stricknadel lassen sich hübsche Muster in das weiche Aluminium stechen.

Schritt 3

Anschließend aus einem ausgedienten Plastikschnellhefter kleine Stücke ausschneiden und als Farbtupfer hinter die geöffnete Innenfläche kleben.

Schritt 4

Zum Schluss die Sterne und Blüten mit Fäden an Stöcken befestigen und in die Pflanztöpfe und Beete stecken.

Tschüss Amseln!

Die Baumscheibe ist durch den Minizaun geschützt und bekommt einen echten Garten-Look.

Niedrige Zäune, die als Einfriedung um Baumscheiben angebracht sind, sehen nicht nur hübsch und dekorativ aus, sondern sie signalisieren auch ganz deutlich: „Stopp – hier darf keiner ins Beet!"

Übrigens: Wer Vandalismus fürchtet und sich um sein sorgfältig gepflegtes grünes Fleckchen sorgt, sollte sich nicht allzu viele Gedanken machen. Die Erfahrung zeigt, dass Stadtgärten – egal, ob auf Baumscheiben oder in Hochbeeten – nur äußerst selten beschädigt werden. Natürlich gibt es auch Ausnahmen. Aber ist eine einst unansehnliche graue Stelle erst einmal in ein kleines grünes Paradies verwandelt worden, findet das in der Regel Anklang und Wohlwollen bei Passanten – selten begegnet einem Zerstörungswut.

Gärtnern direkt am Haus

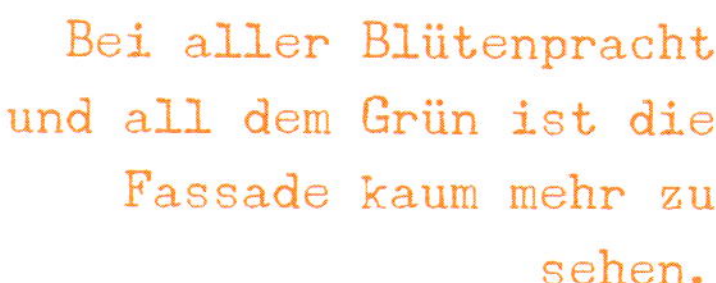

Bei aller Blütenpracht und all dem Grün ist die Fassade kaum mehr zu sehen.

Begrünte Häuser

Feurige Chilis, Paprika und Tomaten direkt vor der Haustür!

EGAL, OB MAN IN EINER WOHNUNG ODER EINEM HAUS IN DER STADT WOHNT – in eigenen Beeten, auf dem Balkon oder der Dachterrasse kann man sich nach Lust und Laune austoben und hat die Möglichkeit, das Stadtbild individuell mitzugestalten. Es gibt aber auch Gemeinschaftsflächen wie Eingangsbereiche oder Innenhöfe, die verschönert werden möchten. In den meisten Fällen mangelt es nicht an freien Plätzen für einen kleinen Stadtgarten direkt am Haus, vielmehr fehlen den Bewohnern oft nur die zündenden Ideen und der erste Anstoß für eine grüne Lösung. Am besten ist es, mit der Veränderung im Kleinen zu beginnen, z. B. mit ein paar hübschen Töpfen und Kübeln. Und fängt erst mal einer an, lassen sich bestimmt schon bald weitere Nachbarn von der grünen Leidenschaft anstecken und ziehen mit eigenen Ideen nach!

Wie schön ist es, als Besucher so farbenfroh willkommen geheißen zu werden!

Ein grünes Willkommen

DER ERSTE EINDRUCK ZÄHLT – warum also nicht gleich den Eingangsbereich nutzen, um Besucher mit einem bunten Blumengruß zu empfangen? Viele Häuser haben schmale Grünstreifen entlang der Außenmauern, die das ganze Jahr über farbenfroh gestaltet werden können. Im Frühling säumen Narzissen, Tulpen und Traubenhyazinthen den Weg, im Sommer und bis in den Herbst hinein zieren Sonnenblumen, Malven und Stockrosen die Hauswand. Im Spätsommer freuen sich dann Vögel und Eichhörnchen über die nahrhaften Samen und Kerne.

Wer weniger Arbeit haben und nur einmalig Pflanzen setzen möchte, sollte ein Staudenbeet mit mehrjährigen Pflanzen anlegen. Der Aufwand hält sich in Grenzen – einmal angelegt, geht es anschließend nur noch um die allgemeine Pflege. Hin und wieder ein wenig düngen, Unkraut jäten, Verblühtes abzupfen – und natürlich das Gießen nicht vergessen.

Bereits im Frühling wird der Vorgarten zum Blütenmeer mit Narzissen, Tulpen und Traubenhyazinthen.

Rosen, wilder Wein und Hortensien zieren den Vorgarten.

Vielleicht findet sich bei der nächsten Mieterversammlung die Möglichkeit, das **Thema Vorgarten** direkt anzusprechen. Am besten bereitet man konkrete Ideen vor, wie der Garten so genutzt werden könnte, dass alle etwas davon haben. Dabei sollte die Gemeinschaft im Vordergrund stehen; der Garten könnte z.B. als Treffpunkt gestaltet werden. Wer weiß, vielleicht warten alle nur darauf, dass jemand den ersten Schritt tut!

Wenn am Haus eine größere freie Fläche zur Verfügung steht, ist diese geradezu prädestiniert für einen Nachbarschaftsgarten! Das ist zwar manchmal nicht ganz so einfach, da man sich meist mit vielen Parteien einigen muss, aber einen Mini-Garten nur als Stellplatz für Fahrräder und Mülltonnen zu nutzen, wäre einfach schade. Vielleicht gewinnt man ja durch eine neue Anordnung und Abgrenzung noch Platz für eine lauschige Sitzecke! Man könnte die Mülltonnen beispielsweise hinter einer selbst gebauten Wand aus Bambus und Jute verschwinden lassen und diese mit Klematis oder Kapuzinerkresse begrünen. Auch Büsche, Sträucher und hochwachsende Nutzpflanzen können als Sichtschutz und Schattenspender dienen. Mit wenig Aufwand kann man viel bewirken und einen gemütlichen Treffpunkt für alle Nachbarn schaffen.

Mithilfe von Hochbeeten lässt sich auch ein Gemüsebeet vor dem Haus anlegen.

Ob großer Kübel oder kleiner Topf – Pflanzen sind immer Stimmungsmacher.

Wer so leuchtend bunt begrüßt wird, fühlt sich gleich rundum wohl!

Hauseingänge mit Urlaubsflair – das geht auch zu Hause!

Vor der Tür …

DER EINGANGSBEREICH VON STADTHÄUSERN – vor allem von solchen, in denen viele Parteien unter einem Dach wohnen – ist oftmals anonym und wenig einladend. Die freien Flächen direkt vor der Haustür sind häufig versiegelt und zugepflastert. Das sollte aber niemanden daran hindern, tätig zu werden, denn man muss ja nicht unbedingt im Erdreich gärtnern. Mit ein paar großen Töpfen, die bestimmt niemand mitnehmen kann, lässt sich im Nu eine südländische Atmosphäre kreieren. Die Treppenstufen vor der Haustür laden dazu ein, mit Terrakottatöpfen und Dekoelementen, z. B. Laternen oder Skulpturen aus Holz, verschönert zu werden. Große Hortensien, Lavendelstöcke oder Kletterrosen machen den Eingangsbereich zum Hingucker. Nicht nur die Bewohner, sondern auch vorbeischlendernde Passanten werden begeistert sein. Wer die Möglichkeit hat, sollte seinen Eingangsbereich so üppig wie möglich begrünen. Damit prägt man das Stadtbild auf unverwechselbare Art und Weise und inspiriert vielleicht andere dazu, ebenfalls aktiv zu werden, und auch Insekten und Vögel freuen sich über neue Nahrungsquellen.

Frische Kräuter oder essbare Blüten in greifbarer Nähe auf dem Fensterbrett.

... und vor dem Fenster

MIT EINEM HÜBSCH BEPFLANZTEN BLUMENKASTEN AUF DEM FENSTERBRETT kann der Garten ganz nah sein – man muss nur das Fenster öffnen, und schon ist die Mini-Oase zum Greifen nahe. Einmal schnell mit der Hand durch den Kräuterkasten streifen, den Duft einatmen – schon setzt die entspannende Wirkung ein. Aber nicht nur Lavendel, Rosmarin und Salbei verzaubern uns mit ihren herrlich würzigen Aromen, auch viele Blumenarten beleben mit ihren lieblich-zarten Düften. Doch ganz gleich, ob draußen vor dem Fenster Nutz- oder Zierpflanzen gedeihen – jede Art von Grün schafft drinnen eine Atmosphäre der Behaglichkeit, und der graue Großstadt-Dschungel wird zum echten grünen „Urban-Jungle".

Nicht selten sieht man Kästen und Töpfe ohne Sicherung auf den Fensterbrettern stehen. Das kann sehr schnell gefährlich werden – eine starke Bö könnte ausreichen, um die Gefäße samt Pflanzen herunterzufegen – schlimmstenfalls auf die Straße oder den Gehweg. Deshalb ist es ratsam, für den Fensterbrett-Garten schwere Kästen aus Stein, Beton oder Terrakotta zu wählen. Wem das Gewicht allein als Sicherung nicht ausreicht, der kann sich im Handel spezielle Halterungen besorgen, die am Fensterbrett angebracht werden.

Hier ist Entspannung angesagt: Lounge-Ecken und Hängesessel laden zum Verweilen ein.

Die grüne Mitte – der Innenhof

KAUM EINEM BEREICH WIRD SO WENIG BEACHTUNG GESCHENKT WIE DEM INNEN- ODER HINTERHOF. Mülltonnen, Fahrräder, Sperrmüll und vieles, was nur „mal kurz" abgestellt werden sollte, findet sich dort wieder. Dabei könnte ein solcher Ort perfekt als Garten und Nachbarschaftstreff genutzt werden. Hochbeete aus alten Wein- oder Palettenkisten sind mit ein paar helfenden Händen im Nu aufgebaut. Eine Europalette beispielsweise kann zu einer Halterung für Balkonkästen und Hängetöpfe umfunktioniert werden, und bestimmt findet der eine oder andere Nachbar in seiner Wohnung noch Gefäße, die nicht mehr gebraucht werden und als Pflanztröge in den Hof ziehen dürfen.

In manchem Hof sind möglicherweise schon einige Bäume und Sträucher vorhanden, in anderen wiederum hat man bei der Gestaltung völlig freie Hand. Vielleicht findet sich noch ein Plätzchen für ein Planschbecken, eine hübsche Lichterkette oder gemütliche Sitzgelegenheiten. Auf diese Weise

Hortensien, Hibiskus, Lavendel und Kräuter bringen Duft und Farbe in den Hof.

Stufe für Stufe wird es üppiger auf der Blumentreppe.

Balkonkästen ohne Balkon? Die Gefäße lassen sich auch an einer Holzwand befestigen!

entstehen neue Lebensräume zwischen den Häusern – für Menschen ebenso wie für Tiere. Insekten, Vögel und Schmetterlinge kommen hier gern auf einen Blütensnack vorbei, und auch Igel oder Eichhörnchen sind für die neuen grünen Inseln dankbar.

Unansehnliche Mülltonnen lassen sich wunderbar hinter Holzkisten verstecken, die mit Kletterpflanzen bestückt werden. Hier und da ein Kübel mit bunten Blumen, und schon bald ist der Innenhof kaum wiederzuerkennen. Wenn noch genügend Platz für Fahrräder & Co. bleiben muss, bieten sich vertikale Lösungen an. Eine Blumentreppe beispielsweise sieht hübsch aus und nimmt nicht viel Platz weg. Auch so manche Möbelstücke geben originelle Pflanztröge ab, z. B. kleine Kommoden oder Nachttische.

Mein Tipp Viele Zimmerpflanzen können den Sommer problemlos im Freien verbringen. Palmen, Gummibäume und Birkenfeigen sind eine schöne Zierde für den Hof!

Innenhöfe haben ein ganz eigenes Klima, sie sind wesentlich wärmer und windgeschützter als Balkone oder Dachterrassen. Die Hauswände speichern tagsüber die Wärme und geben sie nachts wieder ab. Aufgrund dieses speziellen Mikroklimas kommt starker Frost nur selten vor, weshalb mediterrane Pflanzen wie Zitronen- und Olivenbäume, Feigen und Oleanderbüsche hier optimal gedeihen. Die geschützten Hauswände sind für Spalierobst oder Wilden Wein ideal.

Was hängt denn da? Vertikale Beete

ES SIND IMMER DIE GLEICHEN ECKEN RUND UMS HAUS, die nur äußerst selten Beachtung finden, wenn es ums Begrünen geht, z. B. Garagenmauern und die Wände von Fahrrad- oder Mülltonnenhäuschen. Dabei sind gerade diese prädestiniert, um mit wenig Aufwand Rankgitter oder kreative Pflanzgefäße zu befestigen. Feuerbohnen wachsen mithilfe von ein paar Schnüren oder Bambusstäben im Nu an der Wand empor und verwandeln diese in einen leuchtend grünen Blickfang. Je nach Mauerstärke lassen sich sogar Blumenkästen oder Palettenbeete mit Dübeln anbringen – auch vor harten Betonwänden macht das Grün nicht halt!

Einfach mal abhängen! Im Handel gibt es viele vertikale Pflanzsysteme.

Praktische Pflanztaschen aus dem Gartencenter lassen sich nahezu überall befestigen. Darin finden Pflücksalate oder hängende Erdbeeren ein Zuhause und erfreuen so nicht nur optisch als Dekoration, sondern erfüllen auch einen kulinarischen Zweck. Wer kreativ tätig werden möchte, kann aus leeren Plastikflaschen, Konservendosen oder PET-Verpackungen ein originelles vertikales Beet bauen. (Mehr zu kreativen Pflanzgefäßen auf S. 18 ff.)

Wer zur Miete wohnt und an der Garagenwand oder Hausfassade Bohrlöcher anbringen möchte, sollte vorher unbedingt seinen Vermieter um Erlaubnis fragen. Alternativ kann man auch Klebenägel verwenden (gibt's im Baumarkt), die mit einem Gewicht bis zu 10 kg belastet werden können.

Mein Tipp Wer einen kräftig gewachsenen Baum im Vorgarten oder Innenhof stehen hat, kann Blumenampeln in die Äste hängen.

Die Wand lebt: grüne Fassaden

EIN HAUS GANZ IM GRÜNEN BLÄTTERKLEID – wer bleibt vor solch einem Gebäude nicht fasziniert stehen und freut sich über den schönen Anblick? Ob Efeu, Blauregen, Wilder Wein oder Kletterhortensien – eine komplett begrünte Fassade ist von außen wie von innen ein großer Gewinn! Das dichte Blattwerk bietet Vögeln und unzähligen Krabbeltierchen Unterschlupf, die Blüten spenden wertvollen Nektar, und die Früchte liefern schmackhafte Leckerbissen für die Tiere. Das ist Natur pur mitten in der Stadt! Für die Hausbewohner bringt eine grüne Fassade zu jeder Jahreszeit ein angenehmeres Wohnklima. An heißen Sommertagen beispielsweise wird die Oberflächentemperatur spürbar gesenkt. Ist das Blättergewand immergrün, so hat man im Winter eine zusätzliche Wärmedämmung. Der ganzen Stadt kommen solche großflächigen Fassadenbegrünungen zugute, denn diese Maßnahmen helfen, das Stadtklima nachhaltig zu verbessern. Sie schlucken Lärm und binden Staub, und die besondere Wohnatmosphäre mit einzigartigem Dschungel-Feeling gibt‘s noch gratis dazu!

Mein Tipp Wer zur Miete wohnt und seine Hausfassade begrünen möchte, benötigt unbedingt das Einverständnis des Eigentümers. Klare Absprachen sind vor allem deshalb notwendig, weil nicht jede Hauswand für jedes Gewächs geeignet ist. Das sollten natürlich auch Haus- und Wohnungsbesitzer beachten! Bei der Entscheidung könnte vielleicht der Umstand helfen, dass es in vielen Städten Förderprogramme für Fassadenbegrünung gibt.

Grüne Wände sehen nicht nur gut aus, sondern sind wahre Klimawunder!

Hinweis Es gibt mittlerweile viele Möglichkeiten, eine Fassadenbegrünung umzusetzen. Am besten lässt man sich hier von Fachleuten beraten.

Aus diesem Auto ist ein Pflanzgefäß der ganz extravaganten Art geworden!

Ein Parkplatz nur für Blumen

NICHT JEDER, DER IN DER STADT LEBT, HAT EIN EIGENES AUTO. Wozu auch, schließlich gibt es die öffentlichen Verkehrsmittel fürs Stadtgebiet, und ist doch mal ein fahrbarer Untersatz nötig, gibt es tolle Car-Sharing-Angebote. Manche Stadtbewohner haben dennoch einen Parkplatz, obwohl sie ihn gar nicht bräuchten; er gehört einfach zur Wohnung dazu. Selbstverständlich kann man ihn vermieten – oder aber man wird zum Pionier und setzt ein Zeichen: Wer kein Auto braucht, kann sich nämlich trotzdem eines auf den Parkplatz stellen, und zwar ein ganz besonderes! Wie wäre es mit einem ausrangierten Modell vom Schrottplatz, das als kreatives Pflanzgefäß umfunktioniert wird? Dazu braucht man wirklich nur das Grundgerüst – Motor, Sitze und alles andere muss raus. Rein dürfen dafür ordentlich viel Erde und kleine Büsche und Sträucher. Damit das Ganze noch bunter wird, ist Farbe gefragt. Hier findet sich bestimmt ein Graffiti-Künstler oder eine Kindergartengruppe, um dem Auto den letzten Schliff zu verleihen.

Dem Straßenverkehr wird in deutschen Städten viel Platz eingeräumt. Doch was ist mit dem Ausbau des Radnetzes und den öffentlichen Verkehrsmitteln? Sind Parkplätze ein Beitrag zu einer lebenswerten Stadt oder müssen wir nach anderen Lösungen suchen? Auf solche Fragen macht der jährlich weltweit stattfindende **Parking Day** aufmerksam. (S. 74)

Mit diesem Pflanzgefäß ist Aufmerksamkeit garantiert und für einen einzigartigen und besonderen Akzent in der Stadt gesorgt. Noch dazu ist es ein klares Statement, denn Gärtnern in der Stadt ist oft auch politisch und regt Diskussionen und Veränderungen an.

Im komplett entkernten Fahrzeug fühlen sich Gräser, aber auch Nutzpflanzen sichtlich wohl.

Brachliegende Dachflächen – hier das Münchener Genossenschaftsprojekt wagnis4 – werden neue Rückzugsorte für Menschen und Pflanzen.

Hoch hinaus – das Dach als grüne Oase

WER EINE DACHTERRASSE SEIN EIGEN NENNT, kann bei der täglichen Arbeit in seinem kleinen grünen Reich und beim abendlichen Gießen ein ganz besonderes Flair genießen. Weit über den Dächern und fernab vom Trubel der Stadt lässt es sich zwischen Tomaten, Beerensträuchern und aromatischen Kräutern gut aushalten. Der Blick über eine Stadt hat immer etwas Magisches an sich. Vielleicht hat diese besondere Atmosphäre auch Auswirkungen auf das Gedeihen der Pflanzen.

So schön eine Dachterrasse auch ist, so anspruchsvoll ist der Anbau von Pflanzen darauf. Hier oben herrschen nämlich etwas erschwerte Bedingungen: Starke Winde, extreme Hitze und nahezu keine geschützten Stellen machen es den Gewächsen und ihren Gärtnern nicht leicht. Das sollte der Gärtnerlust aber nicht im Wege stehen, denn für jeden Ort ist schließlich das passende Kraut gewachsen! Doch nicht nur die Pflanzen finden hier einen herrlichen Fleck, um Wurzeln zu schlagen. Eine Dachterrasse bietet auch reichlich Platz für geselliges Beisammensein. Gemütliche Chillout-Ecken, Liegestühle, vielleicht eine Hängematte oder eine große Tafel, an der Freunde und Familie zusammenkommen, laden zum Entspannen, Plaudern und Feiern ein.

Es gibt auch Dachterrassen, die einer Hausgemeinschaft gehören. Vor allem in neuen Genossenschaftsprojekten werden sie zur Förderung der Gemeinschaft und als Bestandteile nachhaltigen und verantwortungsvollen Bauens eingeplant.

Mein Tipp Egal, ob Dachterrasse oder Flachdach – ein Dach kann nur eine gewisse Last an Erde, Pflanzen und Menschen tragen. Deshalb ist es wichtig, sich vorab zu informieren, wie viel Gewicht die Fläche, auf der ein Garten angelegt werden soll, sicher trägt. Empfehlenswert ist es, für die Planung eines Gemeinschaftsdachgartens einen Profi einzubeziehen.

Diese Pflanzen brauchen kaum Erde oder Wasser zum Überleben.

DAS FLACHDACH DER GARAGE, EINES SCHUPPENS ODER EINES MODERNEN WOHNHAUSES sieht mit „grünen Ziegeln“ viel schöner aus! Das Grau verschwindet und macht einem blühenden Meer aus Gräsern, Sedum-Arten und Moosen Platz. Das begrünte Dach in der Stadt dient als grüne Lunge. Ein Flachdachgarten bietet zwar keinen Platz für Nutzpflanzen, jedoch ist er ein wichtiger Beitrag, um das grüne Gleichgewicht in Städten zu verbessern. Eine Dachbegrünung sorgt dafür, dass das Regenwasser besser gespeichert und damit die Kanalisation entlastet wird. Außerdem sorgen die grünen Dachbewohner nicht nur für saubere Luft, sondern machen an heißen Tagen auch die Temperaturen erträglicher.

Mein Tipp Wer sein Dach begrünen möchte, sollte sich informieren, ob die Kommune ein Förderprogramm anbietet – wenn ja, die Förderung unbedingt vorher beantragen!

Je nachdem, wie viel Substrat auf dem Flachdach ausgebracht werden kann, gestaltet sich auch die Bepflanzung. Eine sogenannte extensive Dachbegrünung, bei der man wenig Erde und gleichzeitig anspruchslose Pflanzen ausbringt, ist eine tolle Sache, denn wer möchte schon täglich für die Pflege aufs Dach steigen? So wird lediglich einmal gepflanzt, und dann nur noch ein paarmal im Jahr nach dem Rechten geschaut. Das Dach ist auch ein hervorragender Stellplatz für Bienenstöcke! Dort fühlt sich niemand durch die fleißigen Insekten gestört, und noch dazu finden die Bienen in der Stadt das ganze Bienenjahr hindurch ein reiches schmackhaftes Angebot.

Grüntöne in den unterschiedlichsten Facetten dank der unkomplizierten Dachbewohner.

Eine gemütliche Sitzgelegenheit darf auf keinem Balkon fehlen!

Das grüne Zimmer im Freien

EINE WOHNUNG OHNE BALKON IST FÜR VIELE STADTBEWOHNER UNDENKBAR. Er ist das eigene kleine Fleckchen Grün in der City – ein Naherholungsbereich, ein Bauerngarten, ein Bienenparadies, ein Blütenmeer oder ein Kräutergarten. All das und noch viel mehr. Der Stadtbalkon ist das erweiterte Wohnzimmer der warmen Jahreszeit und wird zum beliebtesten Aufenthaltsort an langen Sommerabenden. Hier wird gegrillt, gechillt und gefeiert. Für ein paar Wochen im Jahr kommen die Kräuter und Tomaten direkt vom Balkon auf den Tisch – erntefrisch und einfach unvergleichlich aromatisch im Geschmack!

Mein Tipp Beim Einkauf ist es für die Auswahl geeigneter Pflanzen wichtig, die Ausrichtung des Balkons zu kennen, also zu wissen, wie viel Sonnenlicht im Tagesverlauf auf den Balkon fällt.

Die unterschiedlichen Pflanzgefäße sorgen für den Urban-Gardening-Look auf dem Balkon.

Fast das ganze Jahr hindurch ist der Balkon ein Ort der Ruhe und Entspannung. Mit den ersten warmen Frühlingstagen wird er auf Vordermann gebracht, und schmutzige Fingernägel stehen ab jetzt wieder auf der Tagesordnung. Bis in den Spätherbst hinein sind die meisten Stadtbalkone reich bepflanzt. Wer seinen Balkon begrünt, leistet seinen Beitrag zur Verschönerung des Stadtbildes. Schaut man an einem großen Wohnhaus empor, dann fallen einem die bunten Blumen, Kräuter oder Tomaten sofort ins Auge – ein gepflegter Balkon ist ein echter Hingucker und bereitet nicht nur seinem Besitzer, sondern auch Passanten große Freude. Und auch Insekten und Vögel sind dankbar für die kleinen Paradiese, die sie mit köstlichem Blütennektar oder der einen oder anderen Beere versorgen.

Mein Tipp In manchen Mietverträgen ist geregelt, ob man Balkonkästen nach innen hängen muss oder außen anbringen kann. Bitte kurz nachlesen!

Der Geldbeutel wird geschont, denn Designertöpfe werden einfach selbst gemacht!

DIY

Provence-Feeling

Urlaubserinnerungen für den Balkon lassen sich mit ein paar einfachen Materialien im Handumdrehen herstellen.

Material
Tontöpfe
Untersetzer
Acrylfarbe in Weiß und Blau
Acrylharz
Pinselreiniger
Pinsel
Washi-Tape
Kräutererde
Pflanzen von Lavendel, Rosmarin, Basilikum, Petersilie, Pfefferminze

Schritt 1

Damit die Farbe auf den Pflanzgefäßen möglichst lange hält, müssen die Tontöpfe und Untersetzer zuerst mit dem Acrylharz versiegelt werden. Gut trocknen lassen! Nicht vergessen, den Pinsel anschließend mit dem Reiniger zu säubern.

Schritt 2

Zur Grundierung mit dem Pinsel die weiße Acrylfarbe auftragen. Die erste Farbschicht trocknen lassen und dann nochmal mit weißer Farbe darübergehen. Nicht vergessen, auch den inneren oberen Rand des Topfes mit Farbe zu versehen.

Schritt 3

Wer einen Shabby-Look erzeugen möchte, kann auf die nur leicht angetrocknete Farbschicht das Washi-Tape aufbringen. Gut andrücken und anschließend abziehen. So geht ein Teil der Farbe wieder ab, und es sieht aus, als sei diese abgeblättert.

Schritt 4

Meeresblau darf beim Urlaubsgarten auf keinen Fall fehlen. Wichtig ist dabei, ein paar besondere Highlights zu setzen, etwa nur den oberen Rand zu bemalen oder nur den Untersetzer. Mithilfe des Washi-Tapes lassen sich schöne Muster aufkleben. Einfach der Fantasie freien Lauf lassen und ausprobieren!

Schritt 5

Nachdem alle Töpfe fertig gestaltet und trocken sind, können die Kräuter eingepflanzt werden. Vor allem für Lavendel und Rosmarin sollte man unbedingt eine Kräutererde verwenden, denn die normale Blumenerde ist zu reichhaltig für die mediterranen Pflanzen. Alles gut angießen und fertig ist der kleine Garten!

Ein echter Traumgarten für Besitzer, Nachbarn und Insekten!

Ein grünes Reich – der eigene Garten

EIN HAUS MIT GARTEN UND DAS IN DER STADT – JACKPOT! Was gibt es Schöneres, als die Wohnungstür zu öffnen und direkt im eigenen grünen Reich zu stehen? In den Beeten kann nach Herzenslust angebaut werden, das Wasser kommt aus der Regentonne, und die Zucchini landet frisch geerntet im Kochtopf. Auf der Terrasse lassen sich neben einer Liege und der Sitzecke große Kübel mit Kräutern kultivieren. Zwischen den Bäumen ist Platz für eine Hängematte, und die Kinder bekommen eine Schaukel. Ein Stadtgarten ist ein Stückchen Landleben zwischen den Häuserschluchten, und kleine Haustiere wie Kaninchen oder Meerschweinchen freuen sich ebenfalls über das Fleckchen Grün, über frisches Gras und Löwenzahn.

Im eigenen City-Gärtchen kann man wunderbar für einen nachhaltigen Kreislauf sorgen. Die Gartenabfälle und auch der Bioabfall aus dem Haushalt lassen sich auf einem selbst angelegten kleinen Komposthaufen in braunes Gold verwandeln. Ja, richtig gelesen, Kompost ist für einen Gärtner und seine Pflanzen äußerst wertvoll. Selber machen statt kaufen lässt sich hier ziemlich einfach umsetzen. Wer sich ein wenig mit der Fruchtfolge beschäftigt, hat im Garten fast das ganze Jahr über etwas zu ernten. Im Frühling fängt es mit den ersten knackigen Radieschen an, im Sommer geht es weiter mit Tomaten und Chilis, und im Herbst sorgen Feldsalat und Grünkohl für Genuss, und natürlich gibt es für jede Jahreszeit auch die passenden Blumen und Stauden. Je nachdem, wie viel Zeit für den Garten da ist, lassen sich die Beete ganz individuell anlegen.

Zierpflanzen, Nutzpflanzen, lauschige Sitzecken und hübsche Accessoires machen den Garten zu einem Paradies.

DIY

Vogeltränke

Am besten lassen sich Amsel, Meise, Rotkehlchen & Co. an einer Vogeltränke beobachten. Dort wird nicht nur getrunken, sondern auch ausgiebig gebadet.

Material
Ein grauer Untersetzer
Mosaiksteine nach Wahl
Handbürste
Microfasertuch
Mosaikleim
Backpinsel
Fugenmasse

Schritt 1
Zuerst muss das Muster festgelegt werden. Dazu die Steine zur Probe auflegen, bis feststeht, welches Muster es werden soll. Anschließend den Mosaikkleber vollflächig ausbringen und die Steine darin festdrücken.

Schritt 2
Sobald alle Steine angebracht sind, heißt es warten, bis der Kleber getrocknet ist und kein Steinchen mehr verrutscht. Anschließend die Fugenmasse anrühren und mithilfe eines Backpinsels vollflächig im Untersetzer verteilen. Dabei auch die Mosaiksteine bedecken.

Schritt 3
Nachdem die Fugenmasse angetrocknet ist, mit einem feuchten Lappen die Mosaiksteine wieder freilegen. Zur Not hilft hier auch die Handbürste. Bevor Wasser in die Tränke kommt, sollte das Ganze noch zwei Tage trocknen.

Mein Tipp: Die Vogeltränke sollte an einem Platz aufgestellt werden, an dem sich die Tiere unbeobachtet fühlen, man sie aber dennoch gut im Blick hat.

0163/1

Gärtnern im öffentlichen Raum

WÜ JC 203

Nicht nur für Aktivisten

DIESES KAPITEL MÜSSTE EIGENTLICH MIT„GUERILLA GARDENING" BETITELT SEIN, denn die Gartenaktionen im öffentlichen Raum sind selten genehmigt oder mit der Stadt abgesprochen. Je nachdem, wie tolerant eine Stadtverwaltung mit den Gartenaktivisten umgeht, werden die neu geschaffenen Grünflächen aber geduldet und teilweise sogar von den Stadtgärtnern mitgegossen – aber im schlimmsten Fall direkt wieder „platt gemacht". Sollte Letzteres der Fall sein, gilt: Nicht unterkriegen lassen! Mit ein paar Blumensamen oder bepflanzten Konservendosen richtet man schließlich keinen Schaden an, sondern trägt vielmehr zu einer Verschönerung des Stadtbildes bei.

Was früher einmal ein Hundeklo war, ist heute ein bunter Farbfleck am Straßenrand.

Man wird nicht gleich zum Gartenaktivisten, nur weil man einen verwilderten Grünstreifen bepflanzt. Eine sehr simple Art des Guerilla Gardenings ist beispielsweise, Samenbomben auf Brachflächen zu werfen. Der eine oder andere stellt noch ein kleines Schild dazu mit irgendeinem lustigen Spruch wie „I will survive!" oder „Gieß mich!". Mit solchen kleinen Hinguckern lässt sich manchmal eine große Wirkung erzielen: Viele werden sich an einem neuen Fleckchen Grün erfreuen, und einige werden möglicherweise dem Beispiel folgen. Wer weiß, vielleicht entstehen bald noch mehr bunte Beete in der Stadt!

Sonnenblumen dürfen auf keiner begrünten Baumscheibe fehlen!

Baumscheiben

ALS BAUMSCHEIBEN WERDEN DIE KLEINEN FLÄCHEN RUND UM DIE BÄUME AM STRASSENRAND BEZEICHNET. Diese Stellen fristen meist ein unschönes Dasein, werden sie doch oft nur als Hundeklo, Mülleimer oder Fahrradparkplatz genutzt. Wem die Baumscheibe vor der eigenen Haustür schon lange ein Dorn im Auge ist, kann am besten gleich loslegen! Da die vorhandene Erde meist sehr stark verdichtet und von den Wurzeln des Baumes ausgezehrt ist, sollte man zunächst mit einer guten Schicht frischer Universalerde beginnen. Auf den Anbau von Essbarem verzichtet man hier aber lieber – wer es dennoch wagt, muss die Ernte sehr gründlich waschen! Besser geeignet sind pflegeleichte Zierpflanzen wie Sonnenblumen, Stockrosen und Blumenzwiebeln. Ein Vorteil von Jungpflanzen im Gegensatz zu Samen ist, dass Jungpflanzen sofort sichtbar sind und nicht noch lange wachsen müssen. Und damit ist auch gleich klar: Diese Baumscheibe ist ab jetzt für Hund & Co. tabu! Viele Pflanzen säen sich sogar selbst wieder aus, sodass die Baumscheibe in

Eine dauerhafte Bepflanzung mit Stauden hält den Arbeitsaufwand bei der Baumscheibe in Grenzen.

Im Team macht's mehr Spaß! Eine Baumscheibe gemeinschaftlich zu bepflanzen ist ein tolles Erlebnis!

den folgenden Jahren einen eigenen Kreislauf bildet und immer weniger Arbeit macht. Wer Lust hat, kann noch einen kleinen Zaun um den Mini-garten anbringen, der vor ungebetenen Gästen schützt.

Damit keine Gefahren für Fußgänger oder Verkehrsteilnehmer entstehen, darf die Bepflanzung einer Baumscheibe nicht auf den Gehweg oder die Fahrbahn hinausragen. Um den Baum und seine Wurzeln zu schützen, sollte die Erdoberfläche rund um den Baum nur leicht gelockert und nicht weiter als 10 cm tief bepflanzt werden.

Mein Tipp Einige Städte bieten „Baumpatenschaften" an. Damit übernimmt man die Pflege einer Baumscheibe und bekommt für die Bepflanzung finanzielle Unterstützung von der Stadt. https://www.nuernberg.de/internet/soer_nbg/baumpatenschaft.html

Schön sieht's aus, aber Vorsicht: Essbares von der Baumscheibe muss vor dem Verzehr unbedingt gut gewaschen werden!

Grünstreifen und Verkehrsinseln

NUR NICHT VON DER FAHRBAHN ABKOMMEN BEI SO VIEL BLUMEN-PRACHT! Der Kontrast von Asphalt und einem bunten Blütenmeer könnte als Grenze zwischen zwei Fahrbahnen kaum besser zur Geltung kommen. Viele Grünstreifen werden ihrem Namen leider nicht gerecht – in den meisten Fällen wäre die Bezeichnung „Müllstreifen“ wesentlich treffender, denn wirklich grün sind die wenigsten. Ein guter Grund also, selbst aktiv zu werden! Am besten nimmt man sich erst einmal eine kleine Fläche vor, um zu testen, ob alles so funktioniert, wie man sich das vorstellt, und das am besten an einem Tag, an dem Regen vorausgesagt ist. Das hat den Vorteil, dass die Blumensamen sofort zu keimen beginnen können und nicht als Vogelfutter enden. Damit eine Blumenwiese gelingt – ganz gleich an wel-

Geteilte Arbeit ist halbe Arbeit. Das gilt für das Pflanzen wie auch für die weitere Pflege.

chem Ort –, ist es wichtig, den Boden gut vorzubereiten: Mit einer Harke wird die Erde gelockert und Unkraut entfernt, dann die Samenmischung ausgebracht und mit der Harke ein wenig eingearbeitet. Anschließend alles gut angießen.

Übrigens: Unauffällig lässt sich ein Grünstreifen oder eine Verkehrsinsel in der Dämmerung verschönern. Wichtig ist dabei nur, zur Sicherheit eine Warnweste und eine Stirnlampe zu tragen, damit vorbeifahrende Autos nicht zur Gefahr werden! Auch bei einer solchen Aktion bringen Jungpflanzen den schnellsten Effekt, denn Saatgut muss erst keimen und wachsen. Am nächsten Morgen wird die Überraschung umso größer sein, wenn der Mittelstreifen über Nacht von grau auf grün gewechselt hat.

Wichtig: Beim Kauf einer Blumenmischung sollte man unbedingt darauf achten, dass es sich um heimische Pflanzen handelt. Bei fremden Gewächsen ist Vorsicht geboten, denn diese könnten in das heimische Ökosystem eingreifen und für mehr Schaden als Freude sorgen.

Parken war mal! Jetzt werden die Parkplätze zu neuen Lebensräumen.

Parking Day

WIE WÜRDE WOHL DIE STADT AUSSEHEN, wenn nicht jeder Straßenzug auch als Parkplatz dienen würde? Wie viel mehr Grün, wie viel mehr Lebensraum und Lebensqualität wären plötzlich vorhanden, wenn die Parkplätze weniger zahlreich wären? Genau auf diesen Umstand möchte der jährlich weltweit stattfindende Aktionstag „Parking Day“ aufmerksam machen. Schließlich sind es nicht nur die Parkplätze, sondern viel mehr noch die Autos, die für Lärm, Feinstaubbelastung und Gefahren in der Stadt sorgen. Selbstverständlich möchte jeder mobil sein – dagegen lässt sich nichts sagen, aber längst ist klar, dass das vorherrschende Konzept von Mobilität überdacht werden muss. Car-Sharing, öffentliche Verkehrsmittel und der Ausbau des Radwegenetzes sind wichtige Diskussionspunkte. Ein Aktionstag wie der „Parking Day“ bietet die Gelegenheit, die eigene Stadt neu wahrzunehmen und sich selbst kritisch zu hinterfragen. Bestimmt bekommt man hier und da ein paar ganz neue Impulse, wenn man sich auf einem der Parkplätze mit den Teilnehmern austauscht.

Mehr Infos: Ob auch in der eigenen Stadt ein Parking Day veranstaltet wird, findet man am besten durch eine Internetrecherche heraus.

Beim Parking Day wird auf originelle und kreative Weise weltweit gegen die Vorherrschaft der Autos in unseren Städten protestiert.

Was hängt denn da? Aus leeren Konservendosen lassen sich schnell und günstig bunte Blumentöpfe für die Straßenlaterne zaubern.

Grüne Hingucker

DIE SCHÖNEN DINGE SIEHT MAN MANCHMAL ERST AUF DEN ZWEITEN BLICK. Sei es eine Blumenampel, die am Baugerüst hängt, oder eine bepflanzte Konservendose am Laternenmast – es gibt echte Hingucker und viele kreative Minigärten, die einem erst auffallen, wenn man mit einem geschärften „grünen" Blick durch die Stadt geht. Genau diese Dinge sind es, die in einer tristen Großstadt besondere Orte entstehen lassen. Sie wiederum liefern ganz nebenbei Anregungen und kreative Impulse.

Schnell wird klar, dass man nicht im großen Stil gärtnern muss, um für grüne Impulse zu sorgen. Gerade für Leute, die nicht viel Zeit für die Pflege aufbringen können, die ein Schrebergarten oder Balkon erfordert, sind die kleinen Hingucker dankbare Alternativen. Schnell ist auf dem Arbeitsweg eine bepflanzte Konservendose an der Ampel angebracht, die beim täglichen Stopp kurz mit einer kleinen Plastikflasche gegossen werden kann. So geht unkompliziertes Gärtnern im Kleinen, aber dafür mit großer Wirkung!

Mein Tipp Nicht ärgern, wenn eine Bepflanzung abgenommen wurde, das kann schon mal passieren. Irgendwann findet sich der richtige Laternenmast, an dem die Dose den Sommer über hängen bleibt.

Fallrohre sind nicht mehr braun und unansehnlich, wenn sie zur Halterung für kleine Töpfe umfunktioniert werden.

DIY

Material
3 Handvoll Blumenerde
1 Handvoll Gartenerde
1-2 EL Samen
Schüssel
Wasser
Holzlöffel

Samen-bomben

Sie lassen sich prima auf öde Brachflächen werfen, die schwer zugänglich sind, aber ein bisschen Flower-Power vertragen können.

Am besten nur Saatgut verwenden, das auch mit den rauen Bedingungen der Stadt zurechtkommt. Eine heimische Wildblumenmischung oder Ringelblumensamen sind z.B. gut geeignet.

Saatbomben bauen

Alle Zutaten in einer Schüssel mischen und anschließend Wasser hinzugeben. Hier ist ein wenig Fingerspitzengefühl gefragt, denn es soll gerade so viel Wasser sein, dass die Masse gut zusammengehalten wird. Die Konsistenz eines zähen Teiges ist genau richtig.

Nun mit den Händen walnussgroße Kugeln aus der Mischung formen. Anschließend gut trocknen lassen. Hier muss man gut aufpassen, dass die Samen nicht schon zu sprießen beginnen, also darf es auf keinen Fall zu warm sein.

Und los geht`s!

Eigentlich ist es nicht erlaubt, Samen auf fremden Grundstücken oder im öffentlichen Raum – also auf Verkehrsinseln, schmalen Grünstreifen oder Baumscheiben – auszubringen. Aber solange man nicht den englischen Rasen des Nachbarn anvisiert, sondern ungenutzte Brachflächen in der Stadt damit verschönern möchte, sollte es keinen Ärger geben. Ganz im Gegenteil – die allgemeine Freude über eine bunte Blumenvielfalt wird bestimmt groß sein!

Der beste Zeitpunkt fürs Auswerfen

Gut geeignet ist ein Frühlingstag, für den Regen angekündigt ist, denn dann können die Samen gut keimen und wachsen. Am besten wirft man die Samenbomben auf Flächen, an denen man häufig vorbeikommt – schließlich möchte man ja selbst auch etwas von der Blumenpracht haben!

Gärtnern in der Gemeinschaft

Aus wenig mach viel: Bepflanzt sind einfache Holzpaletten nicht nur wahre Eyecatcher, sie geben auch coole Lounge-möbel ab.

Mehr Spaß im Team

Wohin nur mit dem ganzen Kohl? Gemeinschaftsgärtner teilen alles, auch die reiche Ernte.

WER IST SCHON GERN ALLEIN? Gerade im Garten ist man oft auf Hilfe und Unterstützung von anderen angewiesen. Schließt man sich zu einem Team zusammen, geht vieles leichter von der Hand, man kann sich austauschen und gegenseitig Tipps geben. Ein weiterer großer Vorteil, den das Gärtnern in der Gemeinschaft mit sich bringt, ist der nötige Platz, denn nicht jeder, der sein eigenes Gemüse und Obst anbauen möchte, verfügt auch über ausreichend große Flächen. Was, wenn die eigene Wohnung keinen Balkon hat oder die anderen Hausbewohner nicht möchten, dass der Innenhof zum Tomatenparadies umgestaltet wird?

Und nicht zuletzt sind es soziale Aspekte, die Menschen in urbanen Gärten zusammenbringen. Gemeinschaftsgefühl und der Spaß am Miteinander sind vielen Stadtgärtnern mindestens ebenso wichtig wie die Gartenarbeit selbst. Das große Gartenteam funktioniert ähnlich wie eine gute Gemeinschaft von Nachbarn – in Urlaubszeiten findet sich immer jemand, der das Gießen übernimmt, auch eine Ernteschwemme ist in der Gruppe viel besser zu meistern als allein. So mancher erfolgreiche Gartentag endet mit einem spontanen Fest, an dem die Ernte frisch verarbeitet und anschließend gemeinschaftlich verspeist wird. So werden die grünen Treffpunkte in den Städten zu lebendigen „Dorfplätzen“ und lauschigen Ruheoasen inmitten des Großstadttrubels.

Unschöne Brachen werden zu praktischen Nutzflächen umgestaltet.

Im urbanen Gemeinschaftsgarten

URBAN GARDENING IST LÄNGST KEIN FREMDWORT MEHR. Weltweit wird in kreativen Stadtoasen gesät, geerntet und viel diskutiert. Nicht nur die großen Metropolen haben etablierte Gemeinschaftsprojekte wie den Prinzessinnengarten in Berlin-Kreuzberg, das Gartenprojekt „O‘pflanzt is“ in München oder das Gartendeck in St. Pauli hervorgebracht. Auch in kleineren Städten hat sich diesbezüglich schon einiges entwickelt. Die neuartigen grünen Oasen haben sich zu wahren Besuchermagneten entwickelt. Gartenführungen mal ganz anders – wer einmal mitgemacht hat, ist begeistert! Neben Führungen bieten viele Gartengemeinschaften auch Workshops und sogar Kochkurse in ihren Citygärten an. Die grünen Oasen sind Orte der Begegnung, des Miteinanders und des Voneinander-Lernens. Nur selten sind echte Gartenprofis mit von der Partie, hier treffen vielmehr Menschen aufeinander, die gerade im Learning by Doing ihren grünen Daumen entdecken. Gemeinsam experimentiert man und probiert aus, bis es am Ende mit der Ernte klappt!

Hand in Hand arbeiten und grüne Oasen schaffen heißt das Motto beim Urban Gardening.

Sundays.
mercedes-benz.de/growup
B6
B7
B

Grün für alle: Am Flughafen Berlin-Tempelhof entwickelten die zwischendurch geduldeten grünen Bebauer unerwartete Beharrungskräfte.

In einem **urbanen Garten** kommen häufig Menschen zusammen, die sich in ihrem Alltag gar nicht begegnen würden. Doch im Garten sind alle gleich. Hier zählt das Leben jenseits der Kübel und Bäckerkisten nicht. Der Spaß und die Freude am Lernen und Gärtnern verbinden auf eine neue Art und Weise. Fremde werden zu Gartenfreunden!

Oft werden etablierte Stadtgärten durch weitere kreative Projekte wie Fahrradwerkstätten, Gartenküchen und Holzwerkstätten ergänzt. Auf diese Weise kommen in den Communities auch Menschen zusammen, die die Gartenprojekte durch andere Fähigkeiten bereichern und unterstützen, z. B. indem sie Hochbeete aufbauen oder lauschige Sitzecken zimmern. Manche Citygärtner verwandeln sogar ihre ganze Stadt in einen Garten, wie das Konzept der „essbaren Stadt" Andernach zeigt. Dort werden im Park, auf Grünstreifen und im Festungsgraben anstelle von wechselnden Zierpflanzen verschiedene Salate, Chilis, Bohnen und andere Gemüsesorten in Beeten gezogen. Was fast alle urbanen Gärten eint, ist die Tatsache, dass es dabei nicht nur allein um den Anbau von Pflanzen geht, sondern auch um das Recht auf Mitgestaltung und Mitbestimmung in der eigenen Stadt. Einige der grünen Projekte entstehen zunächst auf Brachflächen, die eigentlich nur zur Zwischennutzung gedacht sind, bevor ein neues Bauprojekt realisiert wird. Nicht selten entzünden sich hier Konflikte zwischen Investoren und Befürwortern des neu geschaffenen grünen Lebensraums – z. B. am Flughafen Berlin-Tempelhof.

PIRAT

Kisten, Wimpel, bunte Beete – bei Gemeinschaftsgartenprojekten darf sich jeder einbringen wie er kann und möchte.

Bunt, kreativ und alternativ wird hier gegärtnert.

Interkulturelle Gärten

IM GARTEN SIND WIR ALLE GLEICH – kaum ein anderes Hobby verbindet Menschen so sehr miteinander wie der Garten. Sprachbarrieren, Hautfarbe oder Kleidung spielen keine Rolle mehr, wenn es z. B. darum geht, Tipps zur Düngung oder zur Zucht der perfekten Zucchini auszutauschen. Berührungsängste, die man im normalen Alltag vielleicht hat, werden im interkulturellen Garten überwunden. Fremde werden zu Nachbarn. Meist sind die Projekte, z. B. Schrebergärten, als Vereine organisiert, doch mit dem Schwerpunkt auf Internationalität ihrer Mitglieder. Dabei geht es nicht um den gut situierten Manager, der von weit her für einen neuen Job gekommen ist. Vielmehr sind es Menschen am Rande der Gesellschaft, die interkulturelle Gärten pflegen. Denn gerade Migranten können sich kaum eine Wohnung mit Garten oder Balkon in der Stadt leisten, vielen fehlen die Heimat und vielleicht auch die Ansprache. Der Garten wird zum Erfahrungsort von Freude und Bestätigung, man findet Anschluss und fasst Fuß in der neuen Gemeinschaft. Diese bunten Gartenprojekte können also Orte der Begegnung und des besseren Kennenlernens von Zuwanderern und Einheimischen sein. Gemeinsam freut man sich über die neuen exotischen Gewächse, die Einzug in die Beete halten, und tauscht sich gern über die besten Kochrezepte aus. Ein Multi-Kulti-Gartenparadies!

Gut zu wissen

Wer sich einer urbanen Gartengruppe anschließen möchte, kann auf der Internetseite **https://anstiftung.de/urbane-gaerten** schauen, ob es ein Projekt in der Nähe gibt. Keine Sorge, die Gruppen freuen sich sehr über Mitstreiter, die mit anpacken möchten, egal ob Anfänger oder Gartenprofi.

Wer ein echter Stadt-Farmer werden will, darf keine Mühen scheuen.

Auf dem Acker

AUCH IN UNMITTELBARER NÄHE ZUR STADT gibt es Ackerflächen, die für den privaten Anbau von Gemüse oder essbaren Blüten verwendet werden. Dieses Modell verfolgt den Ansatz der Selbstversorgung, jedoch verbunden mit tatkräftiger professioneller Unterstützung. Bei den meisten Ackerprojekten stehen Pflege und Ernte im Mittelpunkt der gärtnerischen Tätigkeiten. Das Bestellen der Ackerflächen im Frühjahr wird von den zuständigen Landwirten übernommen. Die künftigen Stadt-Farmer benötigen keine eigenen Geräte, alles, was man für die Feldarbeit braucht, stellen die Betreiber zur Verfügung. Von Mai bis Oktober können die „Ackerhelden" (so heißt ein Projekt) sich dann an Tomaten, Kohl und anderen, ihnen vielleicht bisher völlig unbekannten Gemüsesorten erfreuen. Bei Fragen oder Problemen stehen einem die Betreiber der Acker-Gärten stets mit Rat und Tat unterstützend zur Seite.

Man kann sich solche Projekte wie eine Art Biokiste mit Eigenleistung vorstellen. Viele dieser Flächen werden tatsächlich von Betrieben bewirtschaftet, die bereits einen eigenen Gemüsehof oder ein Biokisten-Modell betreiben.

Gut zu wissen

Wer Lust hat, selbst einen Acker zu mieten, sollte einmal hier vorbeischauen:
http://www.meine-ernte.de
https://www.ackerhelden.de

Die gemütliche Laube ist fester Bestandteil eines Schrebergartens.

Im Schrebergarten

DIE ZEITEN, IN DENEN EIN SCHREBERGARTEN ALS HOCHBURG DER SPIESSIGKEIT GALT, gehören längst der Vergangenheit an. Gerade in Ballungsgebieten sind die grünen Parzellenplätze heiß begehrt. Die Wartelisten sind oft lang, und wer schließlich ein kleines Stück Garten ergattert, kann sich mehr als glücklich schätzen. Der einst ersehnte Sommerurlaub rückt damit in den Hintergrund, denn ab nun erholt man sich im Schrebergarten. Tatsächlich bleiben viele der passionierten Hobbygärtner in den Sommermonaten lieber im eigenen grünen Reich, statt in den Urlaub zu fahren. Erst ab Herbst wird es wieder ruhiger in den Anlagen, und das bunte Treiben legt eine Pause ein.

Zwar herrscht nach wie vor ein strenges Regelwerk in den Kleingartenvereinen, doch dieses dient in erster Linie dem Schutz der Anlagen, denn nur durch die Einhaltung der Vorgaben können sich die Gartenkolonien vor Bauriesen und Investoren schützen. Es gibt jedoch nicht nur Regeln und Pflichten, ganz im Gegenteil! Das freundschaftliche Miteinander und die Begegnung mit Gleichgesinnten stehen im Mittelpunkt. Gemeinsame

Wer spitzt denn da über den Gartenzaun? Hühnerhaltung mal anders!

Schnittlauch, Bohnen und Melisse warten im Schrebergarten auf die Ernte.

Feste, Vorträge zum Obstbaumschnitt oder zur richtigen Kompostierung sowie der Plausch über den Gartenzaun hinweg dominieren das Leben im Schrebergarten. Immer häufiger werden die beliebten Parzellen auch geteilt, denn nicht jeder Stadtgärtner hat die Zeit, neben dem Vollzeitjob noch täglich in die Anlage zu fahren, um dort nach dem Rechten zu sehen. Man sollte sich vorher also genau überlegen, ob man der Verantwortung, die ein Garten mit sich bringt, auch tatsächlich voll und ganz gerecht werden kann. Neben Beruf und Familienalltag bleiben da oft nur die Wochenenden übrig. Umso praktischer ist es, sich mit anderen zusammenzutun und sich gemeinschaftlich um das Stückchen Land zu kümmern. Ein Online-Gießplan kann bei der Organisation helfen, und in der gemütlichen Gartenlaube lässt sich nach getaner Arbeit so manch netter gemeinsamer Grillabend verbringen. Ideal wäre es natürlich, wenn man sich mit guten Freunden oder Verwandten zusammenschließt, um einen Kleingarten zu bewirtschaften und zu pflegen.

Mein Tipp Legen Sie mit Ihren Gartenfreunden vorher genau fest, wie das Gärtnern in der Gemeinschaft ablaufen soll. So beugt man Enttäuschungen vor und sorgt für harmonisches Miteinander.

SO KOMMT MAN AN EINEN SCHREBERGARTEN: Gefällt einem eine bestimmte Kleingartenanlage besonders gut, gibt es die Möglichkeit, sich dort direkt beim Vorstand zu bewerben. Manchmal hat man auch Glück und findet einen Aushang im Infokasten. Eine andere Möglichkeit wäre, bei der Stadtverwaltung einen Bewerbungsbogen auszufüllen und sich auf eine Warteliste setzen zu lassen.

Typisches Ambiente

Was vor gar nicht langer Zeit noch als spießig galt, ist heute wieder in: Viele junge Städter haben ihr Interesse am Schrebergarten entdeckt. Sicher auch wegen der Gemeinschaft, die man dort auch in geselliger Runde erlebt.

Vogelhäuschen

Bunt und schön: Diese kleinen Häuschen sind eher für Dekozwecke gedacht und weniger für gefiederte Bewohner geeignet.

Material
- Deko-Holzhäuschen
- Pinsel
- Weiße Farbe
- Washi-Tape
- Klebestift
- Doppelseitiges Klebeband
- Klebenägel
- Korkrolle
- Schere
- Filzstift
- Zeitung
- Bild-Aufhänger

Schritt 1

Den Arbeitsplatz vollflächig mit Zeitung auslegen. Den Pinsel in die weiße Acrylfarbe tauchen und das Vogelhäuschen damit grundieren. Anschließend gut trocknen lassen.

Schritt 2

Die Korkrolle ausbreiten und das Dach des Vogelhauses darauflegen. Mit dem Filzstift eine Markierung ziehen. Entlang dieser Linie wird der Kork zugeschnitten. Das Dach des Häuschens mit dem Klebstoff bestreichen. Wer auf Nummer sicher gehen möchte, kann zusätzlich noch das doppelseitige Klebeband verwenden.

Schritt 3

Das Häuschen bekommt nun noch besondere Highlights verpasst. Mit dem bunt bedruckten Washi-Tape können das Dach und auch die Front des Vogelhauses wunderbar verziert werden.

Schritt 4

Zum Schluss noch einen Bildaufhänger an der Rückwand des Häuschens befestigen und das fertige Kunstwerk an einem geschützten Platz an der Fassade anbringen!

Mein Tipp Um Bohrlöcher in der Fassade zu vermeiden, kann man auch Klebenägel verwenden, die im Baumarkt erhältlich sind.

Die Stadtpflanzen

Augenweide und Gaumenschmaus: Blüten geben nicht nur schöne Farbkleckse ab, sondern sind häufig auch essbar.

Die richtige Pflanze für jeden Bereich

Kein Beet zur Verfügung? Auch eine ausrangierte Holzkiste kann zum Gemüseacker werden.

GERADE IN KOMPLETT FREIER „WILDBAHN“, etwa auf dem Grünstreifen oder der Baumscheibe, sind die Pflanzen oft auf sich allein gestellt. Da kommt nicht täglich ein engagierter Gärtner vorbei, der für reichlich Wasser sorgt oder gar Verblühtes auszupft. An diesen Orten braucht es robuste und widerstandsfähige Blumen, Kräuter und Stauden, die gut allein zurechtkommen und keine großen Ansprüche stellen. Im urbanen Garten, Vorgarten und Schrebergarten sind die Bedingungen ganz anders – hier wird nach Herzenslust das Grün gehegt und gepflegt. Grundsätzlich gilt: Essbares nur dort anbauen, wo es sicher vor Hunden oder partywütigen Passanten ist. Wo auch immer es Ihnen möglich ist, Ihre grünen Nachbarn zu umsorgen, sollten Sie das tun. Doch egal für welche Art des Stadtgärtnerns Sie sich entscheiden, dieses Kapitel hier kann nur einen groben Einblick in die Vielfalt und Bedürfnisse der jeweiligen Pflanze geben. Sobald Sie sich für eine Fläche entschieden haben, ist es ratsam, ein tiefergehendes (Fach-)Buch zur Hand zu nehmen.

Blumige Grüße

Wer ein Blumenbeet zwischen Steinmauern, Betonwänden oder auf dem Grünstreifen der vierspurigen Hauptstraße anlegen möchte, braucht widerstandsfähige Kämpfer, die sich weder von schwierigen Bodenverhältnissen noch von Trockenheit zurückdrängen lassen. Diese Blumen, die selbst unter widrigsten Bedingungen wachsen, gedeihen natürlich umso besser im Vorgarten oder Gartenbeet.

Duftnessel

(Agastache rugosa)

Einmal in sonnigen Gefilden ausgebracht, sät sich die Nessel jedes Jahr aufs Neue von selbst aus. Noch dazu lieben die Insekten diese Pflanze. Ein trockener karger Boden ist ideal für einen üppigen Wuchs. Von Juli bis September zieren die lilafarbenen Blüten den Wegesrand.

Stockrose

(Alcea rosea)

Ihr Anblick erinnert an romantische Bauerngärten, doch sie lieben das Leben in der Stadt. Stockrosen – auch Malven genannt – brauchen kaum Erde und wachsen selbst an den kargsten Stellen zu meterhohen Pflanzen heran. Im Frühling entweder mit Saatgut oder mit Jungpflanzen arbeiten. Sie säen sich übrigens selbst aus – wer weiß, wo sich die nächste Stockrose wiederfindet?

Sonnenblume

(Helianthus annuus)

Dieser Klassiker darf in keinem Stadtgarten fehlen! Eine Baumscheibe ohne Sonnenblume? Undenkbar! Die kleinen Pflanzen oder Samenkörner kommen im Frühjahr in den Boden und sorgen noch bis in den Herbst hinein für leuchtende Farbtupfer. Die Bienen und später die Vögel freuen sich ebenfalls über die großen gelben Blüten. Es gibt übrigens auch Sorten mit rostroten Blütenblättern.

Ringelblume

(Calendula officinalis)

Im Beet, auf dem Acker, im Kübel oder auf dem Grünstreifen: Die Ringelblume wird von allen anderen Pflanzen ebenso geliebt wie von den Gärtnern. Sie kommt mit sämtlichen Beetkollegen und jeglichen Bodenarten gut zurecht. Alles an ihr duftet, und wer mag, kann sie sogar zu Tees oder Salben verarbeiten. Noch dazu sät sie sich, einmal ausgebracht, verlässlich wieder von selbst aus.

Kornblume

(Cyanus segetum)

Ein Kornfeld zwischen Kreuzung und Straßenlaterne? Zugegeben, das geht nicht, aber mit den leuchtend blauen Kornblumen kommt immerhin das Land-Feeling in die Stadt. Sie mögen es eher karg und sind daher für das Gärtnern zwischen Asphalt und Häusern wie geschaffen! Besonders schön ist eine bunte Mischung aus lila-, rosafarbenen und blauen Kornblumen.

Akelei

(Aquilegia)

Sie bringt mit ihren unzähligen Blütenformen und Farben Abwechslung ins Blumenbeet. Ganz so trocken möchte sie es allerdings nicht, und daher ist ihr auch der Halbschatten ganz recht. Ein Plätzchen, an dem ab und an mal gegossen wird, ist nicht verkehrt. Im Garten muss man aufpassen, dass sie sich nicht zu stark aussät.

Tipp Wer erstmal ausprobieren möchte, wie es mit der Blumenpracht so klappt, kann auch einfach eine Wildblumen-Mischung ausbringen.

Katzenminze

(Nepeta cataria)

Der absolute Bienenmagnet und das von Mai bis in den Herbst hinein. Einmal ausgepflanzt, werden die Pflanzen schnell zu großen üppigen Exemplaren. Wer einen Stubentiger hat, kann ein paar Zweige mit nach Hause nehmen. Katzen räkeln sich nur zu gern im Grün der Katzenminze.

Studentenblume

(Tagetes)

Sie ist ein wahrer Alleskönner! Vor allem in der knalligen Sonne fühlt sie sich wohl. Egal, ob als Unterpflanzung zwischen Zucchini, als Beetumrandung im Schrebergarten oder im Hochbeet: Für die anspruchslose Tagetes findet man immer ein Plätzchen. Es gibt sogar Sorten, die man essen kann!

Storchschnabel

(Geranium)

Mit seinen fast 400 Arten ist der Storchschnabel wirklich unschlagbar. Ob heiß und trocken oder feucht und sumpfig – für jeden Standort ist ein Storchschnabel gewachsen! Ebenso vielfältig ist sein Wuchs. Von klein, kompakt und kriechend bis hoch und lang ist alles dabei!

Kletterkünstler

An was mangelt es in der Stadt nicht? Richtig, an Hauswänden! Doch auch Balkongeländer und Gartenzaun können zum Klettergerüst umfunktioniert werden. Sowohl Essbares, als auch eine bunte Blütenpracht oder einfach nur grüne Blattoasen lassen kahle Geländer und Betonwände verschwinden. Nicht nur in luftige Höhe ranken diese Stadtpflanzen: Wer eine freie Ecke im Hochbeet oder den vorderen Bereich des Balkonkastens mit rankenden Gewächsen bestückt, hat auch nach unten hin eine grüne Pracht!

Feuerbohne

(Phaseolus coccineus)

Die knallig roten Blüten dieser Rankkünstler sorgen zwischen dem dichten grünen Blattwerk für hübsche Farbtupfer. Sie mögen windgeschützte Ecken und kommen prima mit Sonne klar – Halbschatten ist für sie aber auch in Ordnung. Für ein paar gespannte Schnüre oder Bambusstäbe sind die Bohnen dankbar und klettern so noch schneller empor.

Kletterrose

(Rosa)

Eine Kletterrose hat etwas Verwunschenes, Märchenhaftes an sich. An der Dachrinne oder an einem überdachten Hauseingang sorgt sie für ein ganz besonderes Flair und umhüllt jeden, der vorbeigeht, mit einem betörenden Duft. Beim Kauf sollte man eine robuste und winterharte Sorte bevorzugen. Es gibt Rosenstöcke für sonnige oder auch für halbschattige Standorte..

Clematis

(Clematis)

Wer die Hauswand im Eingangsbereich, den Vorgarten oder seine Laube im Schrebergarten verschönern möchte, ist mit einer Clematis gut beraten. Sie mag es, wenn ihre Wurzeln im Schatten liegen und ihre Blätter und Blüten in die Sonne ragen. Als Kletterhilfe sind Rankgitter bestens geeignet. Ideale Standorte für die Clematis sind Beete, die mit niedrig wachsenden, Schatten spendenden Pflanzen bewachsen sind.

Efeu

(Hedera helix)

Der Schatten liebende Efeu ist für die Begrünung von Haus- und Garagenwänden, die nicht mehr als zwei oder drei Stunden Sonne am Tag bekommen, genau richtig. Auch an Bäumen rankt er mit Vorliebe empor. Die Blüten ziehen zahllose Insekten an und sind eine wichtige Nektarquelle. Noch dazu verbessert er die Luft und das Klima in seiner direkten Umgebung.

Trichterwinde

(Ipomoea)

Von Juni bis in den September zieren die blauen oder lilafarbenen Blüten die Stahlträger am Balkon oder am Holzzaun im Schrebergarten. Sie können bis zu 4 m hoch werden, wenn sie an einen sonnigen und windgeschützten Standort gesetzt werden. Damit sie zu dieser Höchstform auflaufen, sind ein reichhaltiger Boden und regelmäßiges Gießen wichtig.

Kapuzinerkresse

(Tropaeolum)

Diese Kletterpflanze blüht bis in den späten Herbst hinein und ist die geborene Kübelpflanze. Ob im Topf, Balkonkasten oder in der bepflanzten Milchpackung – sie fühlt sich in jedem Gefäße zu Hause! Es gibt Sorten, die es lieben zu ranken, andere wiederum wachsen eher kompakt und buschig und sind so auch für das Gemüsebeet geeignet. Die Blätter und Blüten sind essbar und leicht scharf.

Achtung Für die Fassadenbegrünung mit Wildem Wein oder Efeu am besten einen Profi zurate ziehen, denn diese Kletterkünstler können auch Schaden an den Wänden anrichten.

Wilder Wein

(Parthenocissus)

Den ganzen Sommer über sorgt der Wilde Wein mit seiner dichten Blattmasse für eine Verbesserung des städtischen Mikroklimas. Da er sich sehr schnell ausbreitet, ist die Wandbegrünung mit diesem Kletterkünstler bei großen Flächen ideal. Im Herbst holt er durch sein feuerrotes Laub den Indian Summer in die Stadt. In seinem Dickicht finden viele Insekten und Vogelarten ein Zuhause.

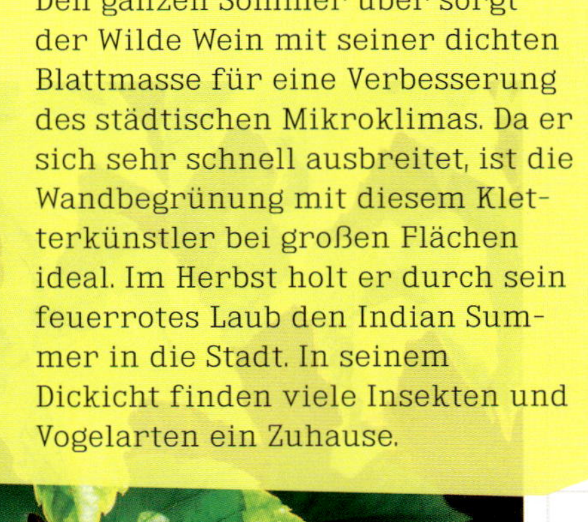

Grünes fürs Dach und für kreative Gefäße

Anhaltende Hitze und dauerhafter Wassermangel werden vielen Pflanzen zum Verhängnis. Andere Gewächse wiederum stört das ganz und gar nicht – im Gegenteil. Für Hauswurze oder den Mauerpfeffer sind solche Bedingungen ideal! Wer weder Garten noch Baumscheibe zur Verfügung hat, kann auch ein Garagendach, einen Kübel oder einen alten Schuh mit diesen unempfindlichen Pflanzen begrünen!

Weißer Mauerpfeffer

(Sedum album)

Diese Mini-Staude mag es am liebsten karg und trocken. Eine Erdschicht von 2-6 cm reicht ihr völlig aus. Es gibt Sorten mit verschiedenen Blattfarben von grün bis rot-braun.

Kaukasus Fetthenne

(Sedum spurium)

Einen kleinen Teppich aus Grün bildet diese Sedum-Art. Von Juli bis August zeigen sich rötliche Blüten, die viele Insekten anziehen. Sogar im Halbschatten wächst die Fetthenne noch gut.

Hauswurz

(Sempervivum)

Diese Arten sind so unverwüstlich, dass sie sogar an Orten gedeihen, wo es kaum Erde gibt. In der Ecke einer Treppenstufe oder im Kies – der Hauswurz schafft das und bleibt sogar im Winter noch grün. Mit über 3000 Sorten ist die Auswahl unschlagbar.

Essbares für Beete, Kübel und Kisten

Eigene Tomaten und Erdbeeren ernten, und das mitten in der Stadt? Ein Gemüseregal im Vorgarten, ein Kräuterbeet im Kasten auf der Fensterbank oder ein Kübel mit Erdbeerpflanzen auf dem Balkon machen es möglich. An essbaren Leckereien wird es im Stadtgarten bestimmt nicht mangeln, denn die Auswahl an geeigneten Pflanzen ist groß!

Zucchini

(Cucurbitaceae)

Zucchini mögen es sonnig, warm und windgeschützt und brauchen jede Menge Nährstoffe. Für einen großen Kübel, ein Hochbeet und vor allem für den Garten sind Zucchinipflanzen wunderbar geeignet. Haben sie alles, was sie brauchen, produzieren sie so viele Früchte, dass schon eine Pflanze völlig ausreicht, um die gesamte Nachbarschaft zu versorgen.

Gurken

(Cucumis sativus)

Die rankenden Gurkenpflanzen sind eine Zierde für jedes Balkongeländer. Sie sind äußerst wärmeliebend und brauchen viel Wasser, um ihre knackigen Früchte entwickeln zu können. Eine regelmäßige Ernte ist wichtig, um den ganzen Sommer über einen guten Ertrag zu haben.

Kartoffeln

(Solanum tuberosum)

Für jeden Kartoffel-Fan ein Traum: der eigene kleine Kartoffelacker. Das geht sogar auf dem Balkon! In einem alten Reissack oder einem speziellen Pflanzgefäß können an einem sonnigen Standort im Herbst unzählige Kartoffeln geerntet werden. Auch blaue oder rote Kartoffeln sind einen Versuch wert. Die Vielfalt ist größer, als man denkt!

Mangold

(Beta vulgaris)

Dieses Gemüse lässt sich gut aus Samen ziehen und ist durch seine knallbunten Stiele in Rot, Lila oder Gelb noch dazu ein echter Eye-Catcher. Mangold liebt die Sonne, kommt aber auch mit Halbschatten klar. Es gibt Blatt- oder Stielmangold, der sogar erfolgreich über den Winter gebracht werden kann.

Erdbeeren

(Fragaria)

Die kleinen roten Früchte dürfen in keinem Stadtgarten fehlen! Für nahezu jeden Standort gibt es eine passende Sorte – Walderdbeeren mögen Schatten, immertragende Monatserdbeeren dagegen bevorzugen die pralle Sonne. Erdbeeren lassen sich prima auf dem Balkon oder der Fensterbank kultivieren.

Radieschen

(Raphanus sativus)

Schon ab März können Radieschensamen an einem halbschattigen Platz in den Freilandboden oder in einem Kasten ausgesät werden. Saatbänder haben den Vorteil, dass man die Pflänzchen später nicht mehr vereinzeln muss. Schon nach wenigen Wochen steht die erste Ernte an, und bis in den August hinein kann immer wieder ausgesät werden.

Karotten

(Daucus carota)

Neben orangefarbenen Karotten gibt es auch lilafarbene, weiße und gelbe Sorten, die tolle Farben auf den Teller bringen! Ab Mai können die Samen direkt ins Beet ausgebracht werden. Für Gefäße gibt es bestimmte Sorten, die weniger tief wurzeln und eher klein und rundlich wachsen.

Tomaten

(Lycopersicon esculentum)

Selbst gezogene Tomaten sind einfach unwiderstehlich lecker. Auch die Vielfalt der Sorten, Formen und Aromen ist einfach fantastisch. Für den Balkon gibt es Buschtomaten, die klein und kompakt wachsen, für die Beete dagegen bieten sich die großen Stabtomaten an. Was sie alle eint? Sie brauchen viel Sonne und reichlich Nährstoffe.

Chilis

(Capsicum)

Feurig scharf wird es im Stadtgarten mit den wärmeliebenden Chilis. Diese gibt es übrigens nicht nur in Rot, sondern auch in Grün, Lila, Orange und in leuchtendem Gelb. Sie sind besonders gut als Topfpflanzen geeignet und benötigen einen von Wind und Wetter geschützten Standort.

Mediterrane Kräuterträume

Kräuter sind die Seele des Gartens! Blühende Lavendelbüsche und knorrige Rosmarinsträucher verbreiten eine mediterrane Atmosphäre und hüllen die ganze Umgebung in ihren unvergleichlichen Duft. Vor allem in der Küche dürfen Kräuter nicht fehlen: Viele Gerichte erhalten erst durch ein ganz bestimmtes Kräuteraroma ihren ureigenen Geschmack. Mediterrane Kräuter benötigen alle einen vollsonnigen Standort, einen durchlässigen Boden und nicht allzu viel Wasser.

Lavendel

(Lavandula officinalis)

Die blauen Blüten sind nicht nur bei Gärtnern, sondern auch bei Insekten beliebt. Es gibt viele unterschiedliche Blütenformen und sogar weißliche Blütenstände. Nach der Blüte sollte der Lavendel zurückgeschnitten werden. Die Stängel lassen sich zu hübschen Kräutersträußchen binden.

Rosmarin

(Rosmarinus officinalis)

Wächst er an einem sonnigen Standort, entfaltet der Rosmarin ein einzigartiges intensives Aroma. Wer ihn in den Balkonkasten setzt, kann den kriechenden Rosmarin ausprobieren. Besonders gut lassen sich die Triebe auch getrocknet weiterverarbeiten, z.B. als Zutat für Kräutersalz oder einen Badezusatz.

Thymian

(Thymus)

Thymian ist ein Klassiker, der in keinem Kräutergarten fehlen darf. Für Fischgerichte oder Kräuterbutter eignet sich der Zitronenthymian hervorragend. Getrocknet kann Thymian gut als Tee – vorbeugend gegen Erkältungskrankheiten – getrunken werden.

Die Stadt
als Garten
entdecken

Please respect NATURE
Enjoy our Garden

Der Garten ist überall

GEHT MAN EINMAL MIT OFFENEN AUGEN DURCH DIE STADT, den Blick geschärft für das Grün, das zwischen den Häusern hervorspitzt, wird man schnell feststellen, dass es meist gar nicht so wenig davon gibt, wie angenommen. Mag sein, dass es nicht die Art von „perfektem" Grün ist, welches wir aus Gartenzeitschriften oder Gartensendungen kennen, aber man stößt doch immer wieder auf kleiner und größere grüne Oasen und Hingucker, die einem Freude bereiten. Und genau darum geht es bei einem Garten, ganz gleich, wie er aussieht: um das Lebensgefühl, das er uns schenkt!

Farbenfroh gestaltete Sitzecken laden Passanten zum Verweilen ein.

Wer keine Zeit findet, um selbst zum Citygärtner zu werden, muss aber keineswegs auf den Genuss eines Gartens verzichten. Beispielsweise kann man es sich einfach mal auf einer Bank eines Urban-Gardening-Projekts gemütlich machen, um den Feierabend ausklingen zu lassen, oder man nimmt auf dem Nachhauseweg zur Abwechslung eine Abzweigung und schlendert über den schönen Stadtfriedhof, der einer Parkanlage gleicht. Gerade, wenn man altbekannte Wege verlässt, warten oft die grünsten und schönsten Überraschungen! So kann man schon ein paar Schritte von der Hauptstraße entfernt plötzlich liebevoll gestaltete Hauseingänge und gepflegte kleine Vorgärten bestaunen. Es gibt viel zu entdecken!

Lesepause! Sonne, eine gemütliche Bank und Ruhe – was braucht man mehr?

Ab in den Park

IN VIELEN STADTTEILEN GIBT ES KLEINE PARKANLAGEN, die zum Relaxen einladen. Große gepflegte Liegewiesen, kleine Wasserspiele und herrliche Blumenbeete lassen schnell Urlaubsfeeling aufkommen. Oft gibt es Olivenbäume, Palmen und Zitrusbäume in großen Kübeln – herrlich mediterran, wie im Süden! Am besten, man schnappt sich eine Decke, ein paar gute Freunde und einen Picknickkorb und verbringt den Sonntagnachmittag gemeinsam im Stadtpark. Unter einem Schatten spendenden Baum lassen sich heiße Sommertage viel besser ertragen. Wer keine Zeit zum Ausruhen hat, fährt nach Feierabend mit dem Rad nicht wie gewohnt die Straße entlang, sondern lieber durch den kühlen Park nach Hause.

In einigen Anlagen darf sogar gegrillt werden, da lassen sich also auch mal Geburtstagsfeiern oder Familienfeste im Freien abhalten, die schöne Location erhält man ganz umsonst. In einigen Parks gibt es im Sommer auch jede Menge vielseitige Veranstaltungen wie Konzerte, Yogakurse oder Sport-events unter freiem Himmel. So wird der Park zum Treffpunkt und zu einer Stätte für unkomplizierte Begegnungen.

Eine Parkanlage bietet weitaus mehr als nur Blumenwiesen und gepflegte Rabatten, vor allem Hofgärten und Schlossparks haben oft auch gesonderte Bereiche mit Gemüsebeeten, wo meist echte Raritäten angebaut werden. Ein Abstecher dorthin lohnt sich!

Auch weniger akkurat angelegte Parkanlagen haben ihren ganz besonderen Reiz.

Wiesen am Flussufer, Palmengärten oder üppig bepflanzte Blumenrabatten – Parkanlagen können ganz unterschiedliche Gesichter haben.

Parkanlagen liefern oft tolle Inspirationen für Beetgestaltung und Bepflanzung.

Eine hübsche Bepflanzung ist ein Blickfang, der mit wenig Aufwand das Interesse der Passanten weckt.

Cafés und Läden

WER AUS DER MASSE DER VIELEN KLEINEN CAFÉS UND LADENGESCHÄFTE HERVORSTECHEN WILL, ist gut beraten, mit Pflanzen für Highlights zu sorgen. Ladenbesitzer aufgepasst! Eine Blumenampel über dem Eingang oder ein Tisch mit bunten Blumen vor dem Schaufenster reicht oft schon aus, um auf sich aufmerksam zu machen. Restaurants schaffen mit Bambushecken, bepflanzten Weinkisten oder Sukkulenten in alten Tontöpfen im Außenbereich eine gemütliche Atmosphäre. Hier fühlen sich die Gäste wohl und bleiben auch mal länger sitzen, wenn das Lieblingscafé zur begrünten Chill-Out-Lounge geworden ist.

Vielleicht findet sich ja auch eine Gartengruppe, die gern die leeren Blumenkübel vor dem Ladengeschäft bepflanzen und

Viel Liebe zum Detail: Hier möchte man doch gern ein bisschen verweilen ...

DIY

Material
zwei unterschiedlich große Joghurtbecher
kleine Kieselsteine
Wasser
Löffel
Kreativ-Beton
Erde
Töpfchen mit Sukkulenten

Pflanztöpfe aus Beton

Schritt 1

Betonmasse in dem großen Becher anrühren. Dazu ist ein wenig Fingerspitzengefühl nötig: Zum Betonpulver ganz langsam Wasser hinzugeben und immer wieder umrühren. Die Konsistenz der Masse ist okay, sobald sie zähflüssig ist.

Schritt 2

Die Luftblasen lässt man entweichen, indem man den Becher mehrmals auf den Tisch klopft.

Schritt 3

Für das Pflanzloch den kleinen Becher in der Mitte des großen, mit Beton gefüllten Bechers platzieren und mit Kieselsteinen beschweren. Die Masse ca. 2 Tage trocknen lassen.

Schritt 4

Ist alles gut getrocknet, darf der kleine Becher herausgenommen werden. Anschließend das große Gefäß dehnen – zur Not aufschneiden. Fertig ist ein attraktiver Pflanztopf!

Ein hübsches Arrangement ist alles – wer bleibt bei so viel Blütenpracht hier nicht stehen?

pflegen möchte? Oder aber es ergibt sich eine nette Kooperation mit einem Blumenladen im Stadtteil. Pflanzen verbinden schließlich, und ganz schnell gewinnt man durch diese grünen Aktionen neue Bekannte und begeisterte Stammkunden. Nicht nur im Außenbereich machen die Pflanzen etwas Besonderes her. Im Schaufenster, auf dem Kleiderregal oder an der Theke – den hübschen Grünlingen kann man auf ganz verschiedene Arten Raum geben!

Mein Tipp Es sollte mit dem Ordnungsamt abgeklärt werden, inwiefern Begrünungsmaßnahmen genehmigt werden müssen.

Friedhofsanlagen strahlen oft eine ganz besondere beruhigende Atmosphäre aus.

Stadtfriedhof

ES MAG FÜR MANCHE EIN WENIG BEFREMDLICH KLINGEN, doch Friedhöfe zählen ebenso wie Parks zur grünen Lunge der Stadt. Auf einem Friedhof stehen große alte Bäume, Sträucher und Hecken, die einen glauben lassen, weit weg vom turbulenten Treiben der Stadt zu sein. Die meisten Gräber sind vom Frühling bis in den späten Herbst hinein üppig bepflanzt. Bänke laden zum Verweilen ein, und die alten Baumkronen spenden Schatten und sorgen für ein angenehmes Klima. In all dem Grün finden unzählige Vogelarten und Insekten ein Zuhause und ausreichend Nahrung. Vor allem für Bienen sind die blühenden Gräber ein wichtiger Nektarspender.

Friedhöfe sind Orte der Ruhe und des Zusichkommens. Anders als in einem Park wird hier nicht getobt oder gesellig zusammengesessen, hier ist man für sich und kann den Gedanken freien Lauf lassen. Es ist ein besonderes Erlebnis, einmal ganz gezielt über einen Friedhof zu gehen und sich die Endlichkeit des Seins bewusst zu machen. Die Erkenntnis dabei? Am Ende wartet auf uns alle ein Garten!

Wie ein großer, friedlicher Park – auf Friedhöfen kann man ungestörte Ruhe genießen.

Wild geerntet schmecken Kirschen besonders süß!

Grüne Ecken mit Essbarem

SELBST IN DER STADT KANN MANCHMAL FRISCH VOM BAUM ODER STRAUCH GEERNTET WERDEN! Hier steht ein „herrenloser" Apfelbaum auf einer Baumscheibe in der Nachbarschaft, dort im Park locken Haselnusssträucher mit reicher Ernte. Auf verwilderten Grundstücken, die nicht genutzt werden, machen sich schnell die Brombeersträucher breit, und häufig landen die guten Äpfel, Nüsse und Beeren einfach auf dem Boden statt auf dem Teller. Und das ist wirklich schade, denn oft sind die „wilden" Früchte sogar um Welten besser als die aus dem Supermarkt, denn sie sind optimal gereift und erntefrisch. Ein Kuchen aus selbst gesammelten Brombeeren ist unschlagbar!

Doch natürlich darf man sich nicht wahllos bedienen. Wer sich an die Ernte macht, sollte sicherstellen, dass er/sie niemandem etwas unerlaubt wegnimmt. Am besten ist es, in der Nachbarschaft nachzufragen, ob ein tragender Baum oder Strauch einen Besitzer hat. Wenn er jemandem gehört, der nicht mehr selbst auf die Leiter steigen kann, könnte man, z. B. für einen Teil der Ernte, seine Hilfe anbieten.

Mein Tipp Im Internet wird auf der Seite mundraub.org eingetragen, welche Obstbäume man bedenkenlos abernten kann.

Ring
Walde

Service

Zum Weiterlesen

Interessante Blogs zum Thema

http://fraumeise.de
http://www.heldamherd.com
http://www.osmers.me

Ackerprojekte

http://www.ackerhelden.de
http://www.meine-ernte.de

Urbane Gärten

https://stadtgaertner-wuerzburg.de
http://prinzessinnengarten.net
http://www.gartendeck.de
http://www.stadtgarten-nuernberg.de
http://www.allmende-kontor.de

Pflanzen und Saatgut

https://shop.garten-fraeulein.de
https://shop.beetfreunde.de
http://miss-greenball.de
https://www.pflanzenversand-gaissmayer.de
http://www.dreschflegel-shop.de
https://www.bingenheimersaatgut.de
https://www.meinwoody.de

Grüne Projekte

Essbare Stadt Andernach
http://www.andernach.de/

Plattform zu Obstbäumen, die bedenkenlos geerntet werden können

www.mundraub.de

Übersicht der Transition Initiativen

https://www.transition-initiativen.de

Weltweiter Aktionstag, bei dem Parkplätze zu Parks umgestaltet werden

http://parkingday.org

Münchner Verein, der sich für Umwelt, Mobilität und Stadtgestaltung einsetzt

https://www.greencity.de
https://gruenanteil.net

Werkzeuge, Gefäße und mehr

https://www.gartenzauber.com/shop/
https://www.urban-kraut.de
emsa.com
manufactum.de

Die Autorin

SILVIA APPEL ist vielen als das „Garten Fräulein" bekannt. Auf ihrem gleichnamigen Blog schreibt sie seit über vier Jahren über das Lebensgefühl „Garten und Balkon". Mit hilfreichen Tipps, DIYs und jeder Menge Inspiration möchte Appel ihren Lesern Lust und Mut machen, ebenfalls mit dem Gärtnern zu beginnen. Beim Deutschen Gartenbuchpreis auf Schloss Dennenlohe hat sie dafür sogar den Preis für den Besten Gartenblog erhalten. Silvia Appel lebt und gärtnert in Würzburg. Dort hat sie einen eigenen Garten sowie einen Balkon und ist außerdem aktives Mitglied in einer Urban-Gardening-Gruppe. Das Garten Fräulein hat ihr Hobby zum Beruf gemacht und ist als Bloggerin, Buchautorin, Speaker und Online-Shop-Betreiberin tätig.

Register

Impressum

Die in diesem Buch enthaltenen Empfehlungen und Angaben sind von der Autorin mit größter Sorgfalt zusammengestellt und geprüft worden. Eine Garantie für die Richtigkeit der Angaben kann aber nicht gegeben werden. Autorin und Verlag übernehmen keine Haftung für Schäden und Unfälle. Bitte setzen Sie bei der Anwendung der in diesem Buch enthaltenen Empfehlungen Ihr persönliches Urteilsvermögen ein. Der Verlag Eugen Ulmer ist nicht verantwortlich für die Inhalte der im Buch genannten Websites.

Bibliografische Information der Deutschen Nationalbibliothek
Die Deutsche Nationalbibliothek verzeichnet diese Publikation in der Deutschen Nationalbibliografie; detaillierte bibliografische Daten sind im Internet über http://dnb.d-nb.de abrufbar.

Wollgrasweg 41, 70599 Stuttgart (Hohenheim)
E-Mail: info@ulmer.de
Internet: www.ulmer-verlag.de
Projektleitung: Bettina Brinkmann
Herstellung: Martina Weber
Redaktion: Katrin Schmelzle, red.sign, Stuttgart
Satz und Gestaltung: Anette Vogt, red.sign, Stuttgart
Bildredaktion: Anja Schlatterer, red.sign, Stuttgart
Titelgestaltung: red.sign, Anette Vogt, Stuttgart
Reproduktion: timeRay Visualisierungen, Jettingen
Druck und Bindung: Westermann Druck, Zwickau
Printed in Germany

ISBN 978-3-8186-0271-0

Bildquellen

Ackerhelden: Seite 90; Appel, Melanie: Titelbild; Junker, Susanne: Seite 24, 100 u., 100/101 u., 107 o., 111 o., 113 u., 116; mauritius images: Seite 14 Alamy/Rob Walls, 15 r. Alamy/Peter Jordan, 22 Alamy/Margaret Welby, 30 Alamy/botanikfoto/Steffen Hauser, 33 Johnér, 44 blickwinkel/Hans-Roland Müller, 82/83 o. United Archives, 84 Maskot, 106 Alamy/botanikfoto/Steffen Hauser, 126/127 o. age/Santiago Fdez Fuentes, 134/135 Hiroshi Higuchi; Osmers - Garten und Haus Blog // www.osmers.me: Seite 80/81; Parking Day Stuttgart: Seite 74, 75 o.; picture-alliance: Seite 64/65 dpa/Maurizio Gamb, 68/69 dpa/Tobias Kleinschmidt, 70 SZ Photo/Stephan Rumpf, 70/71 ZB/Jens Kallaene, 72 blickwinkel/F. Hecker, 73 SZ Photo/Alessandra Schellnegger, 75 u. NurPhoto/Markus Heine, 76 dpa/Maurizio Gamb; Rohnke, Bernhard: Seite 48; Shutterstock: Seite 16/17 Rawpixel.com, 37 Svetlana.Is, 98/99 ChiccoDodiFC, 102 guentermanaus, 102–121 (Hintergrund) The_Pixel, 104 o. yosmoes815, 104 u. LutsenkoLarissa, 105 o. photowind, 105 u. RukiMedia, 107 u. addkm, 108 Peter Turner Photography, 109 o. chrisdorney, 109 u. photowind, 110 o. Garuna Liu, 110 u. sirikorn thamniyom, 111 u. LALS STOCK, 112 Krystian Duzynski, 113 o. surotbar, 114 ND700, 115 o. Marykit, 115 u. Peter Turner Photography, 117 o. PANITA AMPIAN, 117 u. cha_cha, 118 o. Sarah Marchant, 119 Nenad Nestorovic, 120 Jellynewt, 121 o. honeymonster, 121 u. Skowronek, 126/127 u. Footage from Berlin, 128 o. villorejo, 128/129 Tsuguliev, 137 anetapics

alle weiteren Fotos: Silvia Appel